Boko Pascal AKABASSI

# Prospettiva biocentrica del lavoro

Boko Pascal AKABASSI

# Prospettiva biocentrica del lavoro

## Dalla Bibbia al Magistero

Edizioni Sant'Antonio

**Imprint**
Any brand names and product names mentioned in this book are subject to trademark, brand or patent protection and are trademarks or registered trademarks of their respective holders. The use of brand names, product names, common names, trade names, product descriptions etc. even without a particular marking in this work is in no way to be construed to mean that such names may be regarded as unrestricted in respect of trademark and brand protection legislation and could thus be used by anyone.

Cover image: www.ingimage.com

Publisher:
Edizioni Accademiche Italiane
is a trademark of
Dodo Books Indian Ocean Ltd. and OmniScriptum S.R.L publishing group

120 High Road, East Finchley, London, N2 9ED, United Kingdom
Str. Armeneasca 28/1, office 1, Chisinau MD-2012, Republic of Moldova, Europe
Printed at: see last page
**ISBN: 978-613-8-39445-7**

# PROSPETTIVA BIOCENTRICA DEL LAVORO, DALLA BIBBIA AL MAGISTERO.

## *Un approccio ollistico della socialità.*

Prospettiva biocentrica del lavoro, dalla Bibbia al Magistero.
*Un approccio ollistico della socialità.*

DEDICAZIONE:

*Dedico questo lavoro di ricerca e d'analisi*

***Alla memoria***

*di Monsignor Lucien Monsi Agboka, vescovo di Abomey,*

*e di Monsignor Isidore de Souza, arcivescovo di Cotonou,*

*entrambi esperti promotori della formazione e dell'occupazione giovanile;*

*di Monsignor René Marie Ehuzu, vescovo di Abomey*

*dei miei genitori Benjamin AKABASSI e Madeleine ZOUNKPEGANDJI, intrepidi lavoratori della terra che ci hanno inculcato il fascino dell'agricoltura;*

*a mio fratello Désiré, che era autista tassista.*

***In onore***

*del mio vescovo Eugène Cyrille HOUNDEKON di Abomey*

*di Monsignor Barthelemy ADOUKOUNOU, Segretario emerito del Pontificio Consiglio della Cultura*

*dei miei confronfratelli della Diocesi d'Abomey*

*di tutti i fedeli della diocesi di Abomey*

*di tutti i fideli delle Parrocchie di Za-Kpota, Cana, Ncogon, Banamè, AvogBanamè, Agbangnizoun, Kinta, Gboli*

*delle mie sorelle Elisabeth, Pierrette e Alice,*

*di tutti gli ex studenti delle nostre scuole e collegi di Bodédji, Zankoumandon, Ayissinhoué, Agoyidji, Akohagon, Avonouhouidé, Towégo, Agbodohouin, Hèloutèdji, Agbozountandji, Za-Agbogbomè, Za-Allahé, Kinta e altri*

*di tutti i nostri giovani che un tempo erano apprendisti di mestieri,*

*di tutti gli insegnanti e i formatori dell'Africa e del mondo intero,*

*di tutti gli alunni, studenti e apprendisti in Africa e nel mondo intero,*

*di tutti i giovani e tutti i lavoratori in Africa e nel mondo intero.*

## SIGLE E ABBREVIAZIONI

### ***Testi biblici***

1Sam: 1 Libro di Samuele
2Re: 2 Libro dei Re
Ap: Apocalisse
Ef: Lettera agli Efesini
Es: Esodo
Ez: Ezechiele
Gb: Giobbe
Ger: Geremia
Gn: Genesi
Is: Isaia
Lc: Vangelo di Luca
Lv: Levitico
Mt: Vangelo di Matteo
Rm: Lettera ai Romani
Sal: Salmi
Sir: Libro del Siracide

### ***Documenti Magisteriali***

CA: Lettera Enciclica *Centesimus Annus*
CV: Lettera Enciclica *Caritas in Veritate*
EdE: Lettera Enciclica *Ecclesia de Eucharistia*
EG: Esortazione apostolica *Evangelii Gaudium*
FT: Lettera Enciclica *Fratelli Tutti*
GS: Costituzione Pastorale *Gaudium et Spes*
LE: Lettera Enciclica *Laborem Exercens*
LG: Costituzione Dogmatica *Lumen Gentium*
LS: Lettera Enciclica *Laudato Si'*
OA: Lettera Apostolica *Octogesima Adveniens*
PC: Lettera Apostolica *Patris Corde*
PP: Lettera Enciclica *Populorum Progressio*
PT: Lettera Enciclica *Pacem in Terris*
RH: Lettera Enciclica *Redemptor Hominis*
RN: Lettera Enciclica *Rerum Novarum*
SS: Lettera Enciclica *Sollicitudo Rei Socialis*

# Parte prima:
# UN'ANTROPOLOGIA BIOCENTRICA DEL LAVORO SECONDO GENESI 1-3, EZECHIELE 40-48 E APOCALISSE

## Introduzione

I racconti della creazione dell'universo e dell'uomo in Gn 1 e 2 e della caduta di Adamo ed Eva in Gn 3 tracciano la rotta per un'antropologia biocentrica[1] del lavoro e dell'occupazione. L'essere umano riceve se stesso come un progetto da realizzare nei suoi rapporti di reciprocità con il Creatore, l'universo, la società e con se stesso. E l'intera storia si svolge come quella di una vita imprenditoriale in cui la guida di Dio è impegnata per sempre. Yahweh è la Provvidenza che crea la vita, la mantiene, la protegge e la custodisce. In questo progetto di vita l'uomo è destinato a collaborare attraverso il suo lavoro, il suo ingegno, la sua creatività, le sue invenzioni e le sue innovazioni. Quindi, tutto il lavoro ha come fine la vita e deve portare l'essere umano alla sua pienezza. In questa visione teleologica del lavoro, il fattore "tempo" recupera tutta la sua importanza. Diventa la misura che riempie di speranza la responsabilità intergenerazionale e transgenerazionale. Ogni atto umano diventa seme di certezza per il futuro. Da quel momento in poi, le principali questioni ecologiche attuali diventano più chiare e trovano la loro risposta nella comune destinazione della pienezza. La visione cadastrale e architetturale dell'ambiente e la visione ecolologica del fiume che scaturisce dal tempio di Gerusalemme (Ez 40-48) costruscono il quadro sociocosmico di una socialità più ampia di plenitudine. L'avvento di Gesù Verbo Creativo prepara, attraverso le sue opere, il cammino della riconciliazione ecologica dell'uomo con la storia evocata nell'Apocalisse.

[1] Il Principio Biocentrico nasce dalle scoperte realizzate nel campo della biologia genetica, della scienza dell'evoluzione, della teoria dei sistemi e dello studio biochimico. Suo punto di riferimento è l'Universo considerato come un immenso sistema vivente. Il paradigma antropocentrico considera l'essere umano come "colui che sa" (sapiens sapiens) e che può dirigere l'andamento degli eventi naturali. Il nuovo paradigma, quello biocentrico, riconosce l'essere umano solamente come "uno tra pari" tra tutti gli abitanti del nostro pianeta (https://www.educazionebiocentricatorino.it/cultura-biocentrica/).

## 1. Dalla creazione all'occupazione in Gn 1-2:3: una dinamica biocentrica

Sebbene i primi tre capitoli della Genesi a volte usino בָּרָא (creare) e עָשָׂה (fare) come due verbi sinonimi dell'atto di creazione, il primo è tipicamente riservato a Dio e a Lui solo, mentre il secondo è più comunemente usato per riferirsi all'attività umana che comporta responsabilità. Inoltre, il nome Adamo (אָדָם) evoca quello della terra (אֲדָמָה), di colore rosso (אֱדֹם), come luogo di fertilità da cui è stato tratto e plasmato secondo il racconto di Gn 2. L'evocazione della terra si riferisce anche alla parola "sangue" ( דָּם), la fonte della vita a volte considerata come il respiro e l'anima del corpo. Tutte queste parole insieme costituiscono allusioni alla fecondità vitale del Creatore stesso, il cui nome Yahweh spesso si traduce come l'Eterno e il Vivente è assunto dai verbi "essere" e "vivere" in ebraico.

### *1.1 Metafora biocentrica del nome di Yahweh (הָיָה e חָיָה) e creazione attraverso la parola*

Il nome di Dio rivelato a Mosè sul monte Sinai è il tetragramma יהוה, Adonai, tradotto in greco con κύριος (Signore). Il nome יהוה deriva dal verbo הָיָה che significa "essere", "esistere". La sua scrittura è molto vicina al verbo חָיָה che significa "essere vivo", "vivere". Il nome di Dio quindi è la metafora della vita che lui stesso è e che comunica al mondo attraverso l'atto della creazione, un atto che rappresenta il progetto di vita del Creatore stabilito per sempre e che vede la creazione dell'uomo solo al sesto giorno, dopo che Yahweh ha preparato per lui tutto ciò che dovrebbe servire per mantenere e sviluppare la sua vita. All'essere umano sarà affidata la nobile missione di essere co-creatore e co-protettore della vita facendo buon uso della natura attraverso il suo lavoro.

Nella tradizione biblica il lavoro è prima di tutto un atto divino. E il primo è stato il lavoro della creazione. È attraverso il lavoro che Dio ha suscitato il mondo e tutto ciò che è in esso. I racconti di Gn1 e Gn 2 considerano la creazione, l'origine di tutte le attività delle creature e le energie vitali che le animano partecipano della potenza creatrice di Dio. L'uomo creato a immagine e somiglianza di Dio è associato a questo progetto come promotore di vita e attraverso le sue attività economiche, politiche, sociali, culturali e geostrategiche, realizza la missione di una gestione responsabile della natura.

Leggendo Gn 1, ci rendiamo conto che il verbo בָּרָא, usato per indicare la creazione del cielo e della terra in Gn 1:1, appare tre volte di seguito solo nel versetto 27, quando viene presentata la comparsa dell'uomo, maschio e femmina, fatto a immagine e somiglianza di Dio; e poi ricompare in Gn 2:3 per ricapitolare tutte le opere create. Si noti che la Bibbia dei Settanta (LXX),[2] traduce molto spesso בָּרָא con il verbo ποιέω a volte da κτίζω (fare, fabbricare). Il verbo עָשָׂה (fare, creare), usato anche per tradurre l'opera della creazione di Dio è stato sostituito in Gn 1:21 dal verbo בָּרָא che evoca la creazione dei grandi mostri marini e di tutti gli esseri viventi e in movimento, secondo la loro specie, di cui brulicavano le acque, e qualsiasi uccello alato secondo la propria specie. Il greco lo traduce con ποιέω (fare, fabbricare).

È inoltre importante sottolineare la forza creativa della parola espressa dal verbo אָמַר (dire, parlare), seguito dalla formula stereotipata יְהִי (che sia...) del verbo essere (הָיָה), attribuita direttamente a Yahweh. Si tratta di una formula performativa e perentoria i cui effetti sono irrevocabili, immediati, spettacolari e definitivi. È con questa formula che vengono creati la luce (v. 3), il firmamento (v. 6) e le stelle (v. 14). Le altre creazioni danno al verbo אָמַר tutta la sua importanza dichiarativa, decisionale e operativa seguita da verbi vitali di produzione, estensione e moltiplicazione. Nel dettaglio: nel verso 9, קוה viene usato per indicare la raccolta delle acque sotto il cielo, e רָאָה per la formazione del continente o terra asciutta (יַבָּשָׁה / ξηρά da ξηρός), definita così da Dio stesso in Gn, 1.10 (אֶרֶץ / γῆ). Nel versetto 11, il verbo דשא (rinverdire, coprirsi di verde) è quello usato per indurre la terra a produrre erbe che portano semi e alberi da frutto che portano frutti. Il versetto 20 evoca la creazione della fauna marina utilizzando il verbo שָׁרַץ (sciamare, abbondare) quando si parla di acque brulicanti di esseri viventi e la creazione degli uccelli che volano sopra la terra di fronte al firmamento del cielo, con il verbo עוף (volare).

Il versetto 22 cambia leggermente il discorso di Dio esprimendo l'atto della creazione in una serie di benedizioni. Quindi il verbo אָמַר (dire) è preceduto da ברך (benedire). Queste benedizioni sono espresse come פרה (portare frutto, essere fecondo), רבה (moltiplicarsi, abbondare, essere prolifico, proliferare), מָלֵא (riempire) parlando di animali marini e רבה (essere abbondante, moltiplicarsi) parlando degli uccelli sulla terra. Il verbo יָצָא (uscire, portare fuori, produrre) nel verso 24 si riferisce alla creazione della fauna terrestre.

Insomma, il contesto letterario e semantico di Gn 1 ci permette di comprendere che l'uso del verbo בָּרָא è riservato a Dio come atto primordiale e fonte di ogni attività. È all'origine di tutta la vita e dota la creatura di essere, esistenza, attività e spontaneità. La

[2] "Si chiamano così i primi traduttori della Bibbia (Antico Testamento) in greco, dal numero (arrotondato: propriamente 72), che ce ne presenta la prima relazione, pretendente a storia. Col medesimo termine s'intende ordinariamente la versione stessa, e allora si usa anche come sostantivo femminile singolare: la Settanta; sigla convenzionale: LXX" (A. VACCARI, *Settanta*, in «Enciclopedia Treccani», www.treccani.it/enciclopedia/settanta_%28Enciclopedia-Italiana%29/.

vita suscitata è resa capace a priori e a fortiori di svilupparsi grazie alle parole performative pronunciate da Dio.

### *1.2 Creazione di biodiversità ed ecosistemi*

Dal momento della creazione, la terra porta in sé tutto il potere di ricezione e produzione della vita. Separando il firmamento, Dio fa emergere la terra e le permette di essere ricoperta di verde (דֶּשֶׁא), erbe che portano seme (עֵשֶׂב מַזְרִיעַ) e alberi da frutto ( עֵץ פְּרִי עֹשֶׂה פְּרִי). La parola זֶרַע (seme) è molto importante nella cultura biblica, in quanto designa non solo il seme delle piante o il grano (Ger12:13) ma anche lo sperma dell'uomo o dell'animale (Ger 31:27), l'eiaculazione maschile (Lv15:10), la discendenza dei patriarchi (Gn 12:7) e di Davide (2Sam 7:12). Così come la parola פְּרִי (frutto), sta a indicare il frutto di qualsiasi albero (Gn 1:11.29), il frutto del corpo o la prole (Gn 30:2) o ancora il risultato di un'azione (Is 3:10). Entrambi i termini si riferiscono quindi all'idea di generazione e di moltiplicazione, all'aumento e al mantenimento costanti della vita.

Anche la menzione del termine נֶפֶשׁ nell'espressione נֶפֶשׁ חַיָּה (essere vivente) è essenziale per la comprensione della biocentralità del racconto. Infatti designa prima la gola come canale del soffio vitale (Is 5:14), poi il collo, una parte fragile del corpo la cui rottura è fatale (Sal 105:18), poi il respiro che dà vita a un uomo, a un animale (Gb 41:13) e a tutti gli esseri viventi (Gn 1:20). Lo stesso termine è usato anche in riferimento all'uomo stesso (Gn 36:6; 46:15; Lv 24:17), alla personalità e all'individualità (Gn 27:4) e significa anche vita (Gn 9:15; 35:18). L'espressione נֶפֶשׁ חַיָּה (essere vivente) è quindi usata per riferirsi a tutta la biodiversità che abitava la terra e a tutti gli ecosistemi che vi si sono formati fin dall'inizio per favorire la complementarità ecologica. Questa idea è ben rafforzata dall'uso della terminologia מִין (specie), presente in Gn 1:11.24. Nel versetto 11, si tratta di erbe che portano seme e alberi da frutto che portano frutto, mentre nel verso 24 ci si riferisce alle specie animali: bovini, insetti, animali selvatici. Anche l'enfasi con cui l'autore del primo capitolo della Genesi ripete i verbi che si riferiscono alla mobilità (strisciare, sciamare, volare, etc) indica come questa sia un segno di vita.

### *1.3 Creazione con la benedizione e la missione civilizzatrice del lavoro umano*

In Gn1:22, Dio dà una benedizione di fecondità e abbondanza agli animali del mare e agli uccelli della terra; lo fa attraverso tre verbi che hanno a che fare con la procreazione e la moltiplicazione: פרה (essere fecondo, fruttificare), רבה (essere abbondante, moltiplicare),

מָלֵא (riempire). Nella versione greca dei Settanta questi verbi sono tradotti αὐξάνω (crescere, aumentare); πληθύνω (crescere, aumentare, moltiplicare); πληρόω (riempire). Nel verso 24, dove si parla di esseri viventi, la parola נֶפֶשׁ è tradotta in greco con ψυχή, che significa gola, collo, vita, respiro, ed è rafforzata dall'aggettivo חַיָּה (vivente). Questo versetto enfatizza maggiormente la portata biocentrica dell'espressione נֶפֶשׁ חַיָּה e rinforza il termine מִין (specie) spesso usato per gli animali e le piante viventi, in breve per la biodiversità. Così vengono create le bestie selvagge secondo la loro specie, il bestiame secondo la loro specie e tutte le bestie della terra secondo la loro specie.

Nel verso 26, l'imperativo formulato alla prima persona plurale, נַעֲשֶׂה spesso tradotto con "facciamo", presuppone che Dio parli come una comunità di persone quando decide di creare la comunità di uomo e donna. Così, fin dall'inizio, il processo decisionale comunitario è anche un segno di dignità e coesione sociale. Nel versetto 27, l'autore sacro l'ha rilevato bene presentando l'uomo e la donna come immagine della comunità divina: "Dio creò l'uomo a sua immagine, a immagine di Dio lo creò, uomo e donna li creò". Creandoli maschi e femmine diversi, li ha resi comunità e società capaci di generare la vita. Molti teologi e studiosi vedono la comunità di Adamo ed Eva come la prima coppia. Il termine צֶלֶם (immagine) significa anche modello (1Sam 6:15), statua (2Re 1:18), disegno, riproduzione (Ez 23:14). Quanto a דְּמוּ, si traduce con somiglianza (Ez 23:15), immagine di Dio (Ez 1:26), forma, modello (Gn 1:20). Entrambi i termini, alludendo a Dio, evocano la condivisione di qualcosa di fondamentalmente divino con l'uomo, che gli consente di imitarlo e riprodurre i suoi atti vitali. Meglio, i due termini evocano un segno intrinseco impresso nell'essere umano che lo predispone ad essere co-creatore con Dio e lo distingue da tutti gli altri esseri in quanto capace di procedere con creatività, scoperte, invenzioni e innovazioni. È anche il segno di un'alta responsabilità del management sulla creazione. La LXX traducendo successivamente צֶלֶם con εἰκών (immagine, icona) e דְּמוּת con ὁμοίωσις (somiglianza) rende l'uomo e la donna icone e immagini nella loro espressione più concreta e sociale. Ecco perché Dio affida a loro la responsabilità e la nobile missione di governare i pesci del mare, gli uccelli del cielo, il bestiame, le bestie selvagge e tutte le bestie che strisciano sulla terra (Gn 1:26; Sal 72:8). Questa missione porta felicità al mondo animale e vegetale perché è un governo che estende il lavoro vitale della creazione.

Il triplice uso del verbo בָּרָא (creare) nel verso 27 e la menzione di uomo, maschio (זָכָר) e femmina (נְקֵבָה) sottolinea la dimensione della dignità dei generi. È vivendo diversi e complementari nella loro natura, nei loro doni e carismi che maschi e femmine uniranno la loro ingegnosità e creatività al servizio della creazione. Questa distinzione di generi esclude qualsiasi idea di omosessualità o transessualità o bestialità che non possa contribuire alla procreazione. Al versetto 28, Dio aggiunge alle tre benedizioni rivolte agli animali di essere fecondi, di moltiplicare e di riempire la terra, altre due benedizioni dirette all'umanità, quelle di sottomettere la terra e di dominarla. Il verbo כבש viene usato come sinonimo di עָבַד (valorizzare, coltivare) utilizzato in Gn 2:5. Il secondo verbo רדה che significa condurre, governare, usato nel contesto di una benedizione, trasmette tutto il contenuto della non violenza, quindi del biocentrismo e della responsabilità. I due verbi rivelano dunque aspetti particolari della dignità umana fatta a immagine e somiglianza di Dio: il pensiero e l'azione che promuovono la vita.

## 2. Creazione come lavoro di separazione e il regime alimentare

Data l'importanza che il racconto di Gn 1 dà alla vita, Dio ha scelto di procedere con la creazione di un ambiente cosmico e naturale sano. Attraverso la separazione Dio fa emergere il continente asciutto, il firmamento, il sole e le stelle, la luce e il giorno, tutti favorevoli alla biodiversità. In questo modo Yahweh progetta per l'uomo una dieta che rispetta l'ambiente e protegge gli ecosistemi e dalla quale dipende la sua vita e l'equilibrio ecologico che promuove la pace e l'armonia nella natura e nella città.

### *2.1 Creazione con separazione a favore della biodiversità*

Le prime opere della creazione sono quelle della graduale separazione degli elementi del caos originale del cielo e della terra perché la terra (אֶרֶץ) era vuota e vaga (תֹהוּ וָבֹהוּ) e l'oscurità copriva l'abisso mentre un vento di Dio soffiava sulle acque (Gn 1:2). L'atto di separazione è espresso dal verbo בדל: "distinguere tra" (Gn 1:4; Ez 22:26), separare (Lv 20:24), staccare (Lv 1:17). La prima separazione è compiuta con la creazione della luce (אוֹר) che servirà per distinguerla dall'oscurità (חֹשֶׁךְ) chiamata notte (לַיְלָה) e per illuminare il giorno (יוֹם). La seconda avviene il secondo giorno dopo la creazione del firmamento (רָקִיעַ) per separare le acque che sono sotto il firmamento dalle acque che sono sopra il firmamento (Gn 1:7) e che viene chiamato cielo (שָׁמַיִם). La terza separazione avviene il terzo giorno con la distinzione dei continenti (יַבָּשָׁה) dalle acque sottostanti. Dio chiama l'asciutto terra (אֶרֶץ). La quarta avviene il quarto giorno (Gn 1:19) con la creazione dei luminari (מאֹרֹת) del cielo, cioè il sole per il giorno e la luna e le stelle per la notte (כּוֹכָבִים),

che oltre servire come poteri (מֶמְשָׁלָה) destinati a separare il giorno e la notte, servono anche per contrassegnare feste, giorni e anni. Così l'opera di separazione compiuta da Yahweh denota il suo desiderio di creare la struttura di sicurezza cosmica in cui dispiegherà la vita delle piante e degli animali e specialmente quella dell'umanità. Procede per gradualità, senza rapidità o fretta che possano distorcere lo scopo teleologico della vita.

### *2.2 Dieta biocentrica ed ecologica*

Il versetto 29 del primo capitolo della Genesi rivela più concretamente che tutta la natura è al servizio della vita umana. Infatti, Dio dice: "Ti do tutte le erbe che portano seme, che sono su tutta la faccia della terra, e tutti gli alberi che hanno seme che porta frutto: sarà il tuo cibo". È utile qui notare l'importanza biocentrica del termine זֶרַע (seme) che è un fattore di moltiplicazione, rinnovamento e diversificazione delle specie vegetali. La dieta vegetariana di verdure, cereali e frutta denota una doppia responsabilità: quella della parola creativa pronunciata nel versetto 12 e quella dell'uomo che deve usare il suo ingegno per coltivare la terra e adattare il suo ambiente ecologico al suo sostentamento. Il modo di alimentarsi è quindi una responsabilità ecologica.

Da notare che la dieta raccomandata dal versetto 29 è originariamente vegetariana, in quanto non comprende il consumo di animali, né acquatici né terrestri. Tuttavia, anche se il testo non lo dice espressamente, possiamo supporre che l'uomo abbia ricevuto la facoltà di mangiare anche animali e lo possiamo dedurre da un passo successivo, in cui Dio, rivolgendosi a Noè, specifica chiaramente: "Sii il timore e il terrore di tutti gli animali della terra e di tutti gli uccelli del cielo, di tutto ciò con cui la terra brulica e di tutti i pesci del mare: ti saranno consegnati nelle mani. Tutto ciò che si muove e possiede la vita ti servirà da cibo, ti do tutto questo proprio come il verde delle piante" (Gn 9:1-3). Tuttavia, nel verso 4, Dio proibisce di mangiare carne con sangue perché questo è l'anima e la vita (נֶפֶשׁ) della carne (בָּשָׂר). A maggior ragione Egli chiederà conto del sangue umano versato (Gn 9:5).

## 3. Dio Creatore lavoratore, manager e imprenditore

Uno degli aspetti importanti del ritratto del Dio Creatore in Gn 1 è il suo genio gestionale e imprenditoriale. Non solo realizza perfettamente il suo programma di progetti creativi, ma introduce il riposo come una necessità esistenziale che deve chiudere ogni progetto e ogni attività. Inoltre, in una prospettiva più realistica, egli assegna chiaramente all'uomo la missione di coltivare la terra e mantenerla. Così, in Gn 2, l'uomo è chiamato a promuovere l'agricoltura e tutte le industrie collegate; in altre parole, a vegliare sulla creazione, proteggere e promuovere una sana ecologia che risponda al progetto biocentrico di Dio.

### *3.1 Gestione, monitoraggio e nomina per lavori scientifici senza precedenti*

La parte finale di Gn 1 ci fa scoprire come Dio sia il prototipo stesso di un manager che aveva stabilito i suoi piani di creazione per sei giorni e di riposo per il settimo giorno. In quanto ideatore del progetto, aveva una perfetta padronanza degli obiettivi da raggiungere, della pianificazione (timing), delle strategie, della realizzazione, dei controlli periodici (monitoraggio) e della valutazione finale. L'autore sacro ha riportato in ogni fase i risultati del monitoraggio e la soddisfazione che ne risulta è espressa dal verbo רָאָה (vedere, realizzare, conoscere, considerare, percepire) e dall'aggettivo טוֹב (buono, gioioso, bello, desiderabile, gradevole, in ordine, adatto, gentile).

Così, il primo giorno, Dio si rese conto che la luce era buona in sé, ben fatta e adatta per illuminare la terra e dissipare le tenebre. Fu allora che Dio chiamò la luce giorno (יוֹם) e l'oscurità notte (לַיְלָה). In Gn 1, il potere di nominare è riservato solo a Dio. Il verbo קָרָא, che significa dare un nome, proclamare, designare, esprime anche un potere di creazione, di standardizzazione e di operazionalizzazione. Certamente, il nome distingue e identifica la persona o l'oggetto in un insieme di natura, specie, genere, tempo, funzione, prodotti, ma ha anche lo scopo di fissare la realtà sotto un segno o una parola, per integrarla in un linguaggio popolare, scientifico o religioso. Classifica la realtà e la integra in sistemi funzionali e informativi. È la carta d'identità di ogni reale. Il nome si espande in infinite convertibilità quando incorpora in modo sostenibile la creatività di una comunità. Nel caso di Gn 1, il nome dato da Dio fa sì che la realtà sia incorporata e immagazzinata in un repertorio cognitivo che fissa il reale come esistente, soggetto a scoperta e innovazione. Rivelando il nome di ogni entità, Dio lascia in eredità all'uomo la facoltà di esercitare la maestria e di trasmetterla alle generazioni successive secondo la tipologia fissata da Yahweh stesso. Il nome quindi fa appello all'ingegno umano e alla creatività linguistica che esprime il dinamismo di tradizioni, usi e costumi. Per chi sente il nome, la parola crea un processo d'iniziazione relazionale alla realtà che arricchisce la persona, anche per questo la facoltà di nominare racchiude il potere di creazione e di socializzazione.

Il secondo giorno della creazione, Dio chiamò il firmamento cielo (יַבָּשָׁה) e le acque mari (יַמִּים), e, secondo la LXX, vide che tutto questo era buono e bello (καλός). Il terzo giorno, Dio ammira le specie vegetali che crea e, anche se non le nomina espressamente, le trova buone, in perfetta sintonia con il progetto originario. Il quarto giorno è segnato dalla creazione del sole, della luna e delle stelle e dall'assegnazione di ruoli a ciascuno nell'universo. Dio ha trovato tutte queste opere perfette (Gn 1:14-19). Il quinto giorno, Yahweh si compiace di apprezzare la creazione di animali marini e uccelli (Gn, 1:20-21), poi li benedice conferendo loro fecondità e abbondanza (Gn 1:22). Il sesto giorno creò la specie animale terrestre e vide che andava tutto bene (Gn 1:25). Lo stesso giorno, incorona la sua opera con la creazione dell'uomo e della donna. Poi dopo aver fissato la dieta degli uomini e degli animali, vede che tutta l'opera della creazione è stata buona (Gn 1:31).

Gn 2:2 segna la ricapitolazione e la valutazione della creazione. Il verbo כָּלָה (concludere, completare, completare) indica la conclusione dell'opera (מְלַאכְתּוֹ) che Dio aveva compiuto (עָשָׂה). Lo stadio finale previsto è quello del riposo, espresso con il verbo שׁבת (fermarsi, cessare, interrompere, riposare). Osservando il riposo nel settimo giorno, Dio ne fa una necessità centrale nella vita dell'operaio, e il riposo del Creatore è all'origine della legge del sabato (Es 16:23-29; Lv 16:31).

### *3.2 Imprenditoria agricola ed ecologia ambientale e sociale in Gn 2:4b-25*

Il secondo capitolo del libro della Genesi inizia con la terra già creata e che attendeva l'avvento dell'uomo per coltivarla (עָבַד)[3] e mantenerla (שָׁמַר).[4] Già nel verso 5, la prima menzione dell'umanità specifica la sua relazione con la terra (אֲדָמָה) attraverso il verbo che la LXX traduce con ἐργάζομαι, che significa lavorare.

A differenza dell'idealismo presente in Gn 1, la seconda narrativa sviluppa una visione più antropomorfica, realistica e imprenditoriale di Dio, che è presentato come un artigiano competente, esperto, un vasaio abile che lavora l'argilla per ottenere l'immagine d'uomo corrispondente al suo progetto. Il verbo che esprime la creazione dell'uomo, יָצַר, significa modellare, plasmare, formare e ha il pregio di far emergere tutta la cura e la delicatezza con cui Dio ha creato l'uomo. Allo stesso tempo mette in evidenza tutta la fragilità dell'uomo che è fatto con la polvere del suolo, con l'argilla (עָפרמִן־הָֽאֲדָמָ֔ה), ma che riacquista una dignità speciale quando Dio soffia su di lui il suo alito di vita per animarlo. La radice נפח è successivamente usata due volte nello stesso versetto per enfatizzare l'azione, l'oggetto e il risultato finale del dono della vita. Dio espira (נפח) un alito di vita (נִשְׁמַת חַיִּים) nelle narici (אַף) dell'uomo di argilla per renderlo un essere vivente (נֶפֶשׁ חַיָּה) e collocarlo (נָטַע) nel Giardino dell'Eden (עֵדֶן). Questo termine evoca piacere, lusso, felicità, gioia, insomma la vita, e la

[3] עָבַד: significa lavorare, servire (Es 5:18); coltivare, arare (Gn 2:5-15), essere schiavo di (Es 21:2).
[4] Gn 2:15 il verbo שָׁמַר ha il senso di custodire, vigilare, proteggere.

LXX lo traduce come παράδεισος (paradiso), nel quale Dio artigiano ha fatto crescere (צָמַח) tutti i tipi di alberi attraenti (נֶחְמָד) da vedere e buoni da mangiare (טוֹב לְמַאֲכָל), poi nel mezzo del giardino, l'albero della vita (עֵץ הַחַיִּים) e della conoscenza (עֵץ הַדַּעַת).

Solo ai versetti 16 e 17 fa la comparsa la nozione di legge, del lecito e del proibito, quando Dio ordina all'uomo di mangiare tutti i frutti del giardino eccetto quelli dell'albero della conoscenza del bene e del male per evitare di morire. Inoltre, Dio vuole riempire la solitudine dell'uomo, decidendo di fare (עָשָׂה) per lui un aiuto (עֵזֶר) e una compagnia (נֶגְדּוֹ).[5] Per questo presenta all'uomo tutti gli animali che aveva creato perché lui gli desse un nome, ma tra loro l'uomo non trova un compagno adatto. Per porre fine alla sua solitudine, Dio fece cadere l'uomo in un sonno profondo, prese una delle sue costole e richiuse la carne (בָּשָׂר); con quella costola costruì (בנה) una donna (אִשָּׁה) e la presentò all'uomo. Alla sua vista, l'uomo parla per la prima volta, ed esclama con grande stupore: "Questa volta è osso delle mie ossa e carne della mia carne" (Gn 2:23). Quindi le dà un nome di donna (אִשָּׁה) per essere stata strappata dalle sue costole.

L'unità ontologica sancita nella creazione della donna dalla costa dell'uomo conferisce alla casa matrimoniale e alla famiglia tutta la loro importanza. E l'uomo, la donna e i bambini costituiranno una nuova entità sociale che parteciperà alla crescita della società. Inoltre, per rafforzare i legami coniugali e mantenere l'unità, un uomo dovrà lasciare suo padre e sua madre e affezionarsi a sua moglie. Il verbo עָזַב qui non esprime una separazione o un abbandono capriccioso che distrugge i legami sociali di un uomo con il padre e la madre, si tratta piuttosto di assetti organizzativi e strutturali responsabili che rafforzano la disponibilità e la sollecitudine dell'uomo verso la sua sposa poiché anche lui è chiamato ad essere padre e sua moglie madre, avendo figli che in seguito formeranno a loro volta una sola carne con la moglie o il marito. L'espressione אֶחָד (una sola carne) conferma la centralità della vita e dell'organizzazione sociale della famiglia che costituisce l'unità di base della società. A questo punto, abbiamo il diritto di concludere che la seconda storia della creazione è un vangelo della vita e della famiglia secondo la visione imprenditoriale di Dio.

### *3.3 La prima industria tessile e la responsabilizzazione al lavoro in Gn 3*

Non a caso l'aggettivo עָרוֹם (nudo) usato in Gn 2:25 per esprimere la nudità dell'uomo e della donna condivide la stessa radice semantica di ערום che qualifica l'intelligenza e l'astuzia del serpente in Gn 3:1. Tale uso fa già presagire la tensione tra

[5] Gn 2:18 נֶגְדּוֹ: opposto a lui, al suo fianco.

scienza astuta e leggi naturali. Sotto le sembianze del serpente sembra nascondersi ogni tipo di conoscenza e scienza usata contro la natura e contro l'uomo. In effetti, poiché era a conoscenza del comandamento di Dio, il serpente decise di usarlo contro la prima coppia. Sceglie la donna come interlocutore, che forse ignorava l'ordine di Dio perché lo aveva dato ad Adam prima che lei fosse creata. Quindi usa come strategia di persuasione una simulazione di compassione e di solidarietà attraverso le parole: "È vero che Dio vi ha detto: Non dovete mangiare da tutti gli alberi del giardino?" (Gn 3:1), manifestando così la sua intenzione di suscitare curiosità, interrogativi e dubbi sull'ordine naturale e rivelando il carattere insidioso, sedizioso e fallace del suo pensiero che distorce l'ordine di Yahweh. In verità, il comando di Dio all'uomo è diverso: "Dio disse: Mangerai di tutti gli alberi del giardino. Ma dell'albero della conoscenza del bene e del male non mangerai, perché il giorno in cui ne mangerai sarai soggetto alla morte" (Gn 2:16-17). La forma enfatica אָכֹל תֹּאכֵל pone l'accento non solo sulla possibilità ma soprattutto sul privilegio di mangiare degli alberi del giardino. Ma il serpente lo trasforma in un divieto attraverso l'uso della particella di negazione לֹא: "Dio disse: Non mangerai da tutti gli alberi del giardino?". Ma la donna rispose: "Possiamo mangiare dei frutti degli alberi del giardino. Ma del frutto dell'albero che è in mezzo al giardino, Dio ha detto: Non ne mangerai e non lo toccherai, pena la morte" (Gn 3:2-3). Nella sua risposta, mentre cerca di riportare fedelmente il comandamento di Dio, la donna aggiunge la precisazione dei "frutti" e del verbo נָגַע (toccare). Inoltre, non dice che si trattava principalmente dell'albero della conoscenza ( הַדַּעַת עֵץ). Il serpente può ora attaccare di nuovo il comandamento capovolgendo l'ordine di Dio attraverso l'uso della particella della negazione: "Niente affatto! Non morirai!" (Gn 3:4) risponde alla donna, e aggiunge il motivo che riteneva più adatto a convincerla: diventare déi acquisendo la conoscenza del bene e del male. Infatti, con le sue parole: "Ma Dio sa che, il giorno in cui lo mangerai, ti si apriranno gli occhi e sarai come gli Dio, conoscendo il bene e il male" (Gn 3:5), il serpente riesce a confondere la mente della donna che deliberatamente sceglie di obbedire al serpente invece che a Dio. Eva quindi soccombe alla tentazione e vi trascina il marito, che era in realtà il destinatario del comando. L'autore sacro così racconta: "La donna vide che l'albero era buono da mangiare e bello da vedere, e che era desiderabile allo scopo di ottenere discernimento. Ne prese il frutto e lo mangiò. Ne diede anche al marito, che era con lei, e lui ne mangiò" (Gn 3:6). Il verbo שָׂכַל di per sé ha una connotazione molto positiva nella letteratura biblica. Significa: capire, essere intelligente, avere successo, agire con devozione e pietà.

La descrizione delle conseguenze della disobbedienza è molto significativa: Adam ed Eva acquisiscono la conoscenza poiché i loro occhi si aprono e si accorgono di essere nudi (עֵירֻמִּם). Il verbo יָדַע sottolinea la perdita di uno stato d'innocenza naturale a favore di una consapevolezza di responsabilità nell'affrontare la nuova situazione di crisi. Questo passo è stato spesso interpretato come il momento della caduta originaria in cui l'uomo è lasciato alle proprie forze. Ma, considerando il valore simbolico del testo e la sua percezione teleologica della missione dell'uomo, possiamo dire che in Gn 2 l'uomo viene presentato come la creatura che non è fatta per il riposo, ma per coltivare (עָבַד) la terra e mantenerla (שָׁמַר), in una parola per valorizzarla. Questa esperienza simbolica dell'uomo ha il sapore di un rito antropologico di passaggio, che gli permettesse di comprendere e porre rimedio alla sua fragilità esistenziale. Osiamo leggere in essa uno scatto di crescita ontologica in cui l'uomo deve confrontarsi con la conoscenza e la legge naturale o positiva per costruire una nuova personalità. Inoltre, l'uomo che emerge da questa esperienza cognitiva inventa la prima industria, quella dell'abbigliamento, cucendo (תפר) foglie di fico (תְּאֵנָה) (עָלֶה) per fare perizomi (חֲגוֹרָה).

Il seguito della storia assume le tinte scure della paura (יָרֵא) e delle accuse. L'uomo incolpa la donna, la donna accusa il serpente (vv. 12-13) che l'aveva sedotta (נשׁא). La bestia è condannata a camminare sulla pancia e mangiare la polvere. La donna e la sua discendenza saranno in conflitto permanente con il serpente e i suoi discendenti (vv. 14-15). La donna conoscerà i dolori del parto e l'uomo affronterà le spine e i cardi della terra maledetta lavorando per ottenere il suo sostentamento nel dolore e nel sudore della fronte (vv. 17-19). Tuttavia, nonostante la disobbedienza dei nostri progenitori, Dio dà loro nuova dignità fabbricando con le sue mani tuniche (כָּתְנוֹת) di pelli (עוֹר) per farli coprire (לָבַשׁ). La prima coppia dopo essere stato scacciata dal Giardino dell'Eden si trova sul terreno dove l'uomo è stato trascinato. Nel verso 20, chiamando sua moglie Eva (חַוָּה), cioè "madre dei viventi", Adam accende una nota speciale, quella della speranza: sebbene abbiano mangiato dell'albero proibito, non moriranno. Di più, sua moglie sarà la madre (אֵם) di tutti i viventi (כָּל־חָי), di tutta l'umanità a venire. Veniamo così confermati ancora una volta dalla tesi biocentrica del programma della creazione.

## *4. Architettura e catasto come quadro geopoloitico del lavoro in Ezechiele*

Nel I sec. aC, l'architetto romano Vitruve[6] definì la sua arte nelle sue finalità come espressione di solidità, utilità ed eleganza. Così ha tenuto conto degli aspetti tecnici (solidità, sicurezza della costruzione), funzionali (destinazione, risposta a un programma) ed estetici (armonia, equilibrio, bellezza). Più tardi per Le Corbusier[7] all'inizio degli anni Venti, "l'architettura è il gioco sapiente, corretto e magnifico dei volumi sotto la luce" evidenziando così la concezione, avanzata dallo stesso architetto, dell'edificio come "macchina per abitare".

La tipologia dell'edificio, infatti, è condizionata dalle risorse tecniche e dal programma ad esso assegnato, che comprende non solo i dati razionali, ma anche i valori simbolici conferitigli dalla visione spirituale e cosmica degli uomini, creando così dell'interazione tra mito e materia. Oggi l'architetto è colui che redige il progetto di un edificio e ne cura la costruzione. Il suo compito include la creazione del progetto, la definizione di specifiche descrittive e piani esecutivi dettagliati. Spetta a lui verificare e regolare le memorie degli appaltatori, e vigilare affinché questi ultimi, incaricati dell'esecuzione, rispettino le prescrizioni da lui impartite nonché le norme legislative. Una delle principali funzioni è quella di fornire punti di riferimento spaziali e simbolici, che variano da una civiltà all'altra.

Il catasto[8] è soprattutto il registro pubblico nel quale vengono iscritti con precisione i beni fondiari di una città il cui territorio viene suddiviso in appezzamenti a seguito di rilievi topografici e operazioni amministrative, e destinati a consentire la determinazione delle proprietà di un territorio, il riconoscimento di la natura dei loro prodotti e la valutazione del loro reddito.

Ci interessano in particolare i capitoli 40-48 del libro di Ezechiele, particolarmente dedicati all'architettura del nuovo tempio e alla distribuzione catastale delle aree della città di Gerusalemme e delle sue dipendenze.

---

[6] Vitruve in latino Vitruvius (probabilmente Marcus Vitruvius Pollio)Architetto romano del I sec. aC La sua notorietà si deve al suo trattato De architectura, in 10 libri, l'unico trattato di architettura che ci sia pervenuto dall'antichità, scritto probabilmente intorno al 30-25 aC Le copie, Adattamenti illustrati ed estrapolazioni di quest'opera, prodotte dal XV secolo in poi, alimentò lo sviluppo del classicismo europeo. Consultato 25/12/ 2021 (https://www.larousse.fr/encyclopedia/personage/Vitruve/149160) 1.

[7] Charles Édouard Jeanneret, detto Le Corbusier, architetto, urbanista, pittore, decoratore e scrittore svizzero, naturalizzato francese (La Chaux-de-Fonds 1887-Roquebrune-Cap-Martin 1965). Consultato il 23-12 2022 (https://www.larousse.fr/encyclopedia/personnage/Charles_%C3%89douard_Jeanneret_dit_Le_Corbusier/129220) 1.

[8] Il catasto deriva dal provenzale catastro, dall'italiano catastro, dal greco katastikhon, registro consultato il 23-12-2022 (https://www.google.com/search?client=firefox-b-d&q=cadatre+d % DO3%LA9finitura )

### *4.1- L'architettura, opera d'ispirazione divina*

L'architettura è un'arte divinamente ispirata. È YHWH stesso a definire le norme per la costruzione del tempio, la sua gestione e l'equa distribuzione delle porzioni territoriali a tutte le dodici tribù d'Israele. L'architettura del nuovo tempio si dispiega come un progressivo svelamento. È governato dai principi di solidità (gloria, potenza, vigore, resistenza), bellezza (splendore, armonia), santità (bontà, purezza, misericordia) e coesione sociale (unità di cultura e culto, ricostruzione della nazione, comunicazione e solidarietà) . L'autore ha voluto che l'intera esperienza si svolgesse in un contesto di visione per autenticare le sue prospettive divinamente ispirate. Iniziò con la grande affermazione della mano di YHWH su di lui (הָיְתָה עָלַי יַד־יְהוָה)[9]. Fu allora che fu trasportato in visione a Jérsalem (וַיָּבֵא אֹתִי שָׁמָּה) per assistere allo svelamento dell'architettura del suo tempio. Inoltre, l'esecutore non era il profeta stesso, ma piuttosto un uomo il cui aspetto era simile a quello del bronzo Questi aveva in mano come strumento di misura un filo di lino ( וּפְתִיל־ פִּשְׁתִּים ) e un metro ( וּקְנֵה הַמִּדָּה ). La descrizione inizia prima con le mura esterne tutt'intorno al tempio per estendersi all'interno poi agli annessi e alle porzioni assegnate a tutti i funzionari e impiegati del tempio. Quindi, dal tempio, la storia è interessata a fissare i territori dovuti a ciascun tibu nel paese. La porzione dell'Eterno è lunga venticinquemila cubiti e larga diecimila. Quanto al santuario, è un quadrato di cinquecento cubiti per cinquecento con tutt'intorno un'area di cinquanta cubiti. È particolarmente consacrato per il santuario, il luogo santissimo un'area lunga venticinquemila cubiti e diecimila. Sarà il dominio dei sacerdoti e dei loro associati per le loro case e un luogo sacro per il santuario. I Leviti sono lunghi venticinquemila cubiti e larghi diecimila.

La città avrà una larghezza di cinquemila cubiti e una lunghezza di venticinquemila, corrispondente alla parte del santuario; sarà per tutta la casa d'Israele. Quanto al principe (נָשִׂיא), occuperà un'area su ciascun lato della parte del santuario e della parte della città, lungo la parte del santuario e della parte della città: sul lato e verso il mare, e dal lato e nella direzione dell'est. La sua lunghezza corrisponderà a ciascuno dei lotti, dal confine marittimo al confine orientale per impedire ai principi di sfruttare il popolo ma piuttosto per dare il paese alla casa di Israele, alle sue tribù. Così porranno fine alla violenza e al saccheggio, alle estorsioni e alle ingiustizie contro il mio popolo (Ez 45,1-9).

---

[9] Ez 40,1.

### *4.2- Idrografia ed ecosistema: fattori di ingegneria economica, alimentare e medica*

La seconda tappa della visione è quella della descrizione dell'acqua della vita in Ez 47,1-12. Le attività economiche della città si svolgono per la maggior parte lungo il fiume della vita in un regime di massimizzazione della densità vitale. Non è una distribuzione catastale di Gerusalemme e del tempio ma una prospettiva più globale dell'intero universo visto in correlazione con la fonte della vita che scaturisce dalla soglia del tempio (ὕδωρ ἐξεπορεύετο ὑποκάτωθεν τοῦ αἰθυίοο). Ognuna delle fasi dello svelamento idrografico si articola attorno al verbo misurare (מָדַד). La misurazione qui è fatta di tre cicli di mille cubiti (אֶלֶף בָּאַמָּה) utilizzando una linea (קָו) per valutare gradualmente la profondità e la densità del fiume. Il primo ciclo di immersione del profeta è quello descritto nei vv. 1-5 e che lo fece giungere al (אָפְסָיִם ). Il secondo ciclo gli ha inviato l'acqua al (בִּרְכָּיִם)[10], il terzo ai reni (מָתְנָיִם)[11] e il quarto porta alla densità insormontabile perché il figlio dell'uomo non ha potuto attraversarla (נַחַל נַחַל אֲשֶׁר לֹא־אוּכַל לַעֲבֹר)[12].

La seconda tappa della descrizione si estende dai versetti 6-12 e si svolge presso il torrente. La particella וְהִנֵּה introduce una nuova sorpresa nella scoperta. Questi sono alberi molto numerosi (עֵץ רַב מְאֹד)[13] su entrambi i lati del fiume (אֶל־שְׂפַת הַנַּחַל) che l'espressione מִזֶּה וּמִזֶּה (del lato Cahque) arriva a ricostruire come un'enfasi di precisione topografica. Quindi l'attenzione del lettore è nuovamente rivolta al corso del fiume. Questo scende verso Araba e sfocia nel mare in modo che le acque siano purificate (הַמָּיִם וְנִרְפּוּ )[14]. E ogni cosa vivente (נֶפֶשׁ חַיָּה )[15] che vive dovunque il torrente (יָבוֹא שָׁם נַחֲלַיִם ) vivrà (יִחְיֶה). Ciò è particolarmente vero per i pesci che saranno molto abbondanti (וְהָיָה הַדָּגָה רַבָּה מְאֹד). Inoltre, ovunque il fiume raggiunga e le acque siano prosciugate (בָאוּ שָׁמָּה הַמַּיִם הָאֵלֶּה וְיֵרָפְאוּ), ci sarà vita (וָחָי)[16]. Sarà per l'intero paese una nuova fonte di crescita professionale ed economica, specialmente per i peccatori (דַּוָּגִים)[17] che ora estenderà le loro reti agli essiccatori ( מִשְׁטוֹחַ לַחֲרָמִים) da En-Gheddi a En-églayim (מֵעֵין גֶּדִי וְעַד־עֵין עֶגְלַיִם) . Il pesce sarà delle stesse specie

[10] Ez 47,4.
[11] Ez 47,4.
[12] Ez 47,5.
[13] Ez 47,7.
[14] Ez 47,8.
[15] Ez 47,8.
[16] Ez 47,10.
[17] Ez 47,10.

di quelle del grande mare e saranno molto abbondanti ( יִהְיוּ לְמִינָהּ תִּהְיֶה דְגָתָם כִּדְגַת הַיָּם הַגָּדוֹל רַבָּה מְאֹד)[18]

Il terzo passaggio si concentra sugli alberi. L'osservazione è molto interessante per uno spirito innamorato della tutela dell'ambiente naturale e della dietetica. Sono di tutte le specie, alberi che crescono regolarmente dal fiume (עַל־הַנַּחַל), su entrambe le sponde (עַל־שְׂפָתוֹ מִזֶּה), tutti i tipi di alberi commestibili ( כָּל־עֵץ־מַאֲכָל)[19]. Le sue foglie non appassiranno mai (לֹא־יִבּוֹל עָלֵהוּ) e i suoi frutti non mancheranno (וְלֹא־יִתֹּם פִּרְיוֹ). Porteranno frutti ogni mese (פִּרְיוֹ לָחֳדָשָׁיו יְבַכֵּר) che fungerà da cibo (וְהָיָה פִרְיוֹ לְמַ) e il fogliame della guarigione (וְעָלֵהוּ לִתְרוּפָה).

Tre osservazioni fondamentali sono necessarie al termine di questa lettura di Ez 47,1-12. Il primo è l'uso del singolare proprio di questo passo quando si trattava soprattutto dell'albero (עֵץ )[20] che il versetto 12 identificherà con un qualsiasi albero commestibile (כָּל־עֵץ־מַאֲכָל ). Il meme singolare è usato per esseri viventi o animali (חַיָּה)[21], pesci (דָּגָה)[22], foglie o fogliame (עָלֶה)[23], frutti (פְּרִי)[24]. Tutti questi singolari hanno un significato collettivo ispirato dall'unicità della fonte che è unica ma il cui dispiegamento copre una dimensione cosmica plurale, universale. È l'espressione dell'onnipotenza de la vita simboleggiata dal torrente che dispiega costantemente la stessa ondata di potenza in tutto ciò che tocca o suscita. Il versetto 12, facendo risalire le cause e le ragioni dell'abbondanza e della fecondità alla fonte che è il tempio, dimora di YHWH, ci permette di dedurre che YHWH stesso è il Dio della vita.

La seconda osservazione che segue da quanto sopra è l'uso semantico del radicale רפא sia come verbo (רָפָא /cura, purifica) sia come sostantivo (תְּרוּפָה/cura). È usato nel versetto 8 per evocare la forma perfetta di niphal, le acque disinfettate del mare (וְנִרְפּוּ הַמָּיִם) e per l'Imiphal Imperfect (הַמַּיִם הָ sbaglia il non risanamento di lagune e paludi בִּצֹּאתָיו וּגְבָאָיו וְלֹא יֵרָפְאוּ).

---

[18] Ez 47, 10.
[19] Ez 47,12.
[20] Ez 47,7.12 : עֵץ (albero), alberi molto numerosi (עֵץ רַב מְאֹד). LXX usa il plurale neutro δένδρα, alberi (δένδρα πολλὰ σφόδρα ).

[21] Ez 47,9: Essere vivente, tutti esseri viventi ( כָּל־נֶפֶשׁ חַיָּה ) : LXX traduce il plurale πᾶσα ψυχὴ τῶν ζῴων τῶν (tutto soffio/spirito dei viventi).
[22] Ez 47,9 דָּגָה : pesce. הַדָּגָה רַבָּה מְאֹד (Il pesce sarà abondante) comme au verset 10 dans לְמִינָה תִּהְיֶה דְגָתָם כִּדְגַת הַיָּם הַגָּדוֹל רַבָּה מְאֹד (Ci sarà tutte le specie di pesci cosi numerosi.... ). La LXX usa il singulare ἰχθὺς (ἰχθὺς πολὺς σφόδρα). Nel versetto 10, la LXX sceglie simplicemente il plurale per i pesci del fiume e quelli del mare (ἰχθύες αὐτῆς ὡς οἱ ἰχθύες τῆς θαλάσσης τῆς μεγάλης πλῆθος πολὺ σφόδρα).

[23] עָלֶה : fogli o fogliame ( לֹא־יִבּוֹל עָלֵהוּ / le sue foglie non appassiscono).
[24] Ez 47,12 : I frutti (פְּרִי ). I suoi frutti non mancheranno (וְלֹא־יִתֹּם פִּרְיוֹ).

D'altra parte nel verso 12, il sostantivo תְּרוּפָה è usato per evocare la salute umana. Insomma, il radicale copre nel contesto della nostra pericope l'idea di comunicare la vita, la salute agli uomini e alla natura (qui le acque). Tuttavia, una nota particolare attira la nostra attenzione che esalta la potenza del torrent. Questa è la menzione della mancata igiene di lagune e paludi. Le ragioni sono semplici. Il torrente li fa mantenere il loro stato perché danno il sale (לְמֶלַח נִתָּנוּ ) che è un elemento essenziale per il mantenimento della vita. Pertanto, l'autore mostra chiaramente che il potere della vita non sfida le forze naturali che lo preservano, ma le rafforza e le mantiene. In questa fase è importante sottolineare che i bustanti תְּרוּפָה (guarigione) e מַאֲכָל (cibo) evocano sia gli effetti vitali degli alberi ma anche tutte le tecniche e le modalità di trasformazione (farmacia, tecniche, scienze alimentari, scienze mediche), relative all'utilizzo delle componenti floristiche e faunistiche). Insomma, tutte le attività mediche e nutrizionali per proteggere e difendere la vita.

La terza osservazione riecheggia tre capitoli della Genesi sul quadro ecologico e topografico del racconto descrittivo. Infatti, mentre Ezechiele evoca l'abbondanza di alberi su ogni sponda (ל♀נַּחַל הַנַּחַל עֵץ מְאֹד מִזֶּה וּמִזֶּה) in un contesto di creazione mediante il torrente d'acqua1 e riconducendo a Gn 1 il quadro globale della creazione YHWH ordinò alla terra di coprirsi di vegetazione ed erbe con frutta (תַּדְשֵׁא הָרֶץ דֶּשֶׁא מזֶר מזֶר מַזְרִיעַ זֶרַע), alberi da frutto che, secondo la loro specie, portano sulla terra i frutti che hanno in sé il loro seme תַּדְשֵׁא הָאָרֶץ דֶּשֶׁא עֵשֶׂב מַזְרִיעַ זֶרַע עֵץ פְּרִי עֹשֶׂה פְּרִי לְמִינוֹ אֲשֶׁר זַרְעוֹ־בוֹ עַל־הָאָרֶץ)[25]. Era opera del terzo della creazione.

Quanto alle specie animali Gn 1,20-21 le presenta come opera dell'ordine di YHWH affinché le acque brulichino di creature ( יִשְׁרְצוּ הַמַּיִם שֶׁרֶץ נֶפֶשׁ חַיָּה )[26]. Li benedice e comanda loro nel quinto giorno di essere fecondi, di moltiplicarsi, di riempire le acque dei mari Gn 1,24-25 vedrà terminare nello stesso giorno la creazione di tutte le specie di animali e creature. Ez 47,9 usa la stessa espressione נֶפֶשׁ חַיָּה | אֲשֶׁר־יִשְׁרֹץ, esprimendo l'abbondanza degli animali come opera di un torrente risanente. Il pesce sarà abondantissimo (הָיָה הַדָּגָה רַבָּה מְאֹד) e secondeo il versetto 10 con le stesse speci di pesci del grande mare (יִהְיוּ לְמִינָה תִּהְיֶה דְגָתָם כִּדְגַת הַיָּם הַגָּדוֹל רַבָּה מְאֹד ) perché ovunque penetra quest'acqua, assana tutto s (כִּי בֹוּ שָׁמָּה הַמַּיִם הָה וְיֵרָפְוּ) e la vita si sviluppa ovunque vada ( נָחָי כֹּל♀שֶׁר־יָבוֹ שָׁמָּה הַנָּחַל).

D'altra parte nel verso 12, il sostantivo תְּרוּפָה è usato per evocare la salute umana. Insomma, il radicale copre nel contesto della nostra pericope l'idea di comunicare la vita, la

[25] Gn 1,11.
[26] Gn 1,20.

salute agli uomini e alla natura (qui le acque). Tuttavia, una nota particolare attira la nostra attenzione che esalta la potenza del torrente. Questa è la menzione della mancata igiene di lagune e paludi. Le ragioni sono semplici. Il torrente li fa mantenere il loro stato perché danno il sale (לְמֶלַח נִתָּנוּ ) che è un elemento essenziale per il mantenimento della vita. Pertanto, l'autore mostra chiaramente che il potere della vita non sfida le forze naturali che lo preservano, ma le rafforza e le mantiene. In questa fase è importante sottolineare che i sostantivi תְּרוּפָה (guarigione) e מַאֲכָל (cibo) evocano sia gli effetti vitali degli alberi ma anche tutte le tecniche e le modalità di trasformazione (farmacia, tecniche, scienze alimentari, scienze mediche), relative all'utilizzo delle componenti floristiche e faunistiche). Insomma, tutte le attività mediche e nutrizionali per proteggere e difendere la vita.

La terza osservazione riecheggia tre capitoli della Genesi sul quadro ecologico e topografico del racconto descrittivo. Infatti, mentre Ezechiele evoca l'abbondanza di alberi su ogni sponda (אֶל־שְׂפַת הַנַּחַל עֵץ רַב מְאֹד מִזֶּה וּמִזֶּה)[27] in un contesto di creazione mediante il torrente d'acqua1 e riconducendo a Gn1 il quadro globale della creazione YHWH ordinò alla terra di coprirsi di vegetazione ed erbe con frutta ( תַּדְשֵׁא הָאָרֶץ דֶּשֶׁא עֵשֶׂב מַזְרִיעַ זֶרַע ), alberi da frutto che, secondo la loro specie, portano sulla terra i frutti che hanno in sé il loro seme (עֵץ פְּרִי עֹשֶׂה פְּרִי לְמִינוֹ אֲשֶׁר זַרְעוֹ־בוֹ עַל־הָאָרֶץ וַיְהִי־כֵן). Era opera del terzo della creazione[28].

Quanto alle specie animali Gn 1,20-21 le presenta come opera dell'ordine di YHWH affinché le acque brulichino di creature (יִשְׁרְצוּ הַמַּיִם שֶׁרֶץ נֶפֶשׁ חַיָּה )[29]. Li benedice e comanda loro nel quinto giorno di essere fecondi, di moltiplicarsi, di riempire le acque dei mari (פְּרוּ וּרְבוּ וּמִלְאוּ אֶת־הַמַּיִם בַּיַּמִּים)[30]. Gn 1,24-25 vedrà terminare nello stesso giorno la creazione di tutte le specie di animali e creature. Ez 47,9 usa la stessa espressione נֶפֶשׁ חַיָּה אֲשֶׁר־יִשְׁרֹץ,, esprimendo l'abbondanza degli animali come frutto di un torrente risanamento. Il pesce sarà abondante (הָיָה הַדָּגָה רַבָּה מְאֹד) e secondo il versetto 10 come le stesse speci di pesci del grande mare (יִהְיוּ לְמִינָהּ תִּהְיֶה דְגָתָם כִּדְגַת הַיָּם הַגָּדוֹל רַבָּה מְאֹד)[31] perché dapertutto enpenetra questa acqua, essa assana ( כִּי בָאוּ שָׁמָּה הַמַּיִם הָאֵלֶּה וְיֵרָפְאוּ, e la vita si sviluppa ovunque vada (וָחָי כֹּל אֲשֶׁר־יָבוֹא שָׁמָּה הַנָּחַל)[32].

[27] Ez 47,7.
[28] Gn 1,13.
[29] Gn 1,20.
[30] Gn 1,22.
[31] Ez 47,10.
[32] Ez 47,9.

A proposito del torrente, Ezechiele sembra alludere al secondo racconto della creazione in Gn 2,6, evocando la forma di un ruscello o russeau (אֵד) che la LXX chiama πηγή e che sorgeva dalla terra per irrigare tutta la terra (יַעֲלֶה מִן־הָאָרֶץ וְהִשְׁקָה אֶת־כָּל־פְּנֵי־הָאֲדָמָה ). Fu allora che YHWH piantò ( וַיַּצְמַח )[33] un giardino nell'Eden a est per posizionare l'uomo modellistico e aveva qualche attraente e buono da mangiare ( כָּל־עֵץ נֶחְמָד לְמַרְאֶה וְטוֹב לְמַאֲכָל), l'albero di vita in mezzo al giardino ( וְעֵץ הַחַיִּים בְּתוֹךְ הַגָּן) e l'albero della conoscenza del bene e del male (וְעֵץ הַדַּעַת טוֹב וָרָע) e impedisce all'uomo di mangiare tutti gli alberi del giardino ( מִכֹּל עֵץ־הַגָּן אָכֹל אָכֹל) eccetto l'arbero del bene e del male porta alla morte (מֵעֵץ הַדַּעַת טוֹב וָרָע לֹא תֹאכַל מִמֶּנּוּ כִּי בְּיוֹם אֲכָלְךָ מִמֶּנּוּ)[34]..

Gen 2.10 evoca un fiume (נָהָר / ποταμός) che sgorga dall'Eden per irrigare il giardino. Da lì fu diviso per formare quattro armi ( יֹצֵא מֵעֵדֶן לְהַשְׁקוֹת אֶת־הַגָּן וּמִשָּׁם יִפָּרֵד וְהָיָה לְאַרְבָּעָה רָאשִׁים)[35] : Pishôn[36], Guihôn[37], Tigre[38], l'Euphrate)[39].

Quanto al mangiare dell'albero della conoscenza in Gen 3,6, fece sì che Adamo ed Eva fossero cacciati dal giardino per impedire loro di mangiare dell'albero della vita per vivere per sempre ( מֵעֵץ הַחַיִּים וְאָכַל וָחַי לְעֹלָם )[40]. D'altra parte, Ezechiele porta una visione più di una rivoluzione interiore della lettura tragica dell'atto della creazione rimuovendo il duello tra il bene e il male e la sfida della conoscenza e della conoscenza come un affronto al Creatore. Ezekiel rimane positivo, dando accesso a tutti gli alberi che ora sono diventati portatori di vita.

### *5. La funzione teleologica del lavoro e la dinamica parenetica nell'Apocalisse*

La tensione creatasi tra uomo, biodiversità ed ecosistemi, presentata in Gn 1:3, trova la sua piena risoluzione nel libro dell'Apocalisse, dove la storia dell'umanità raggiunge la sua fase completa in cui l'uomo è riconciliato con il Creatore, con l'ambiente, con la società e con se stesso. D'ora in poi tutta la creazione passa dalla poesia alla retorica, dal linguaggio simbolico alla realtà escatologica, dal lavoro alla felicità ultima. Si fonde nell'unica liturgia di Dio e dell'Agnello.

---

[33] Gn 2,9.
[34] Gn 2,17.
[35] Gn 2,10.
[36] Gn 2,11-12 : Pishôn: c'est lui qui entoure tout le pays de Hawila où se trouve l'or et l'or de ce pays est bon - ainsi que le bdellium et la pierre d'onyx.
[37] Gn 2,13 : Le deuxième fleuve s'appelait Guihôn; c'est lui qui entoure tout le pays de Koush.
[38] Gn 2,14 : Le troisième fleuve s'appelait Tigre; il coule à l'orient d'Assour.
[39] Gn 2,14 : Le quatrième fleuve, c'était l'Euphrate.
[40] Gn 3,22.

L'antico imperfetto mondo della fatica e del dolore è sostituito da un nuovo universo in cui Dio ricrea tutte le cose nuove (Ap 21,5). La rivelazione fa della nuova creazione il mondo dei servi di Dio e dell'Agnello. Operatori del bene e della pace, sono contrassegnati dal sigillo (σφραγίς) del Dio vivente (θεοῦ ζῶντος). È una folla innumerevole, composta da tutte le nazioni, tribù, popoli e lingue, in piedi davanti al trono e davanti all'Agnello (ἀρνίον), con vesti bianche e palme nelle mani (Ap 7:9). Tutti provengono dalla grande prova, che rese candide le loro vesti perché lavate nel sangue dell'Agnello (Ap 7:14). Felici di partecipare alla festa delle nozze dell'Agnello (Ap 19:9), vivono ora sotto la luce della gloria di Dio e del suo candelabro (Ap 21:23) e non avranno mai più fame o sete (Ap 7:16); non avranno più bisogno di lavorare perché ora hanno accesso all'albero della vita (ξύλον ζωῆς) - l'unico albero della città che porta frutti ogni mese e le cui foglie servono come guarigione per le nazioni - e alla fonte dell'acqua di vita (ὕδωρ ζωῆς) che sgorga dal trono di Dio e dell'Agnello (Ap 22:1-3): questi servi i cui nomi sono iscritti nel libro della vita (βιβλίον τῆς ζωῆς) (Ap 20:15) regneranno per sempre (Ap 22 5).

Al di là del carattere religioso e simbolico del libro, l'Apocalisse si riserva il diritto di sottolineare particolarmente i valori sociali, cosmici, teologici ed escatologici del lavoro. Qualsiasi atto umano non è mai solitario, nemmeno il banale atto di respirare o mangiare. Fa parte di un complesso sistema universale di funzioni che tengono insieme il mondo, rendono possibili le attività e le integrano. Ogni azione umana è chiamata a portare in sé il destino di tutta l'umanità. Rimane solidale con tutte le attività di biodiversità e tutti gli ecosistemi senza i quali non si sarebbe svolta. Per dare un senso al lavoro, sarà quindi necessario tener conto di tutte le relazioni che legano il lavoratore a tutte le componenti del suo ambiente.

Rileviamo che è innegabile nella prospettiva apocalittica che il lavoro si propone di trasformare χρόνος in καιρός, il tempo calcolabile in storia. Ricompaiono quindi i valori di management e d'imprenditorialità per un sano dispiegamento e una sana gestione di tutte le potenzialità nasconde in ogni creatura. E poiché non c'è un vero lavoro all'infuori del lavoro umano, è importante restituire all'uomo tutto il suo posto di essere ragionevole, intuitivo e innovativo perché crei le condizioni favorevoli allo sviluppo ecologico e sociale che garantisca pace e buona fortuna a tutti. Non è inutile dire che qualsiasi atto umano fintanto che porta negatività, mette in pericolo il suo intero ambiente e distrugge l'uomo stesso. La descrizione della nuova creazione e della città di Dio coinvolge gli esseri umani in un impegno responsabile e totale ad entrare in dialogo con le leggi iscritte nel cuore di ogni creatura, anche la più piccola. La natura rimane una sfida di misteri da decodificare attraverso la scoperta, l'ingegno, la creatività e il buon comportamento. L'Apocalisse, inoltre, nasconde i valori capitali quando ritorna alle virtù che costituiscono la carta d'identità degli invitati al banchetto dell'Agnello che diventano contadini della citta di Dio. D'ora in poi cani e maghi, prostitute e assassini, idolatri e chiunque ami o pratichi menzogne sono esclusi dalla città di Dio (Ap 22:15), perché non entrerà "in nessuna sporcizia, né in chi pratica abominio e menzogna, ma solo in coloro che sono scritti nel libro della vita dell'Agnello" (Ap 21:27).

Infine, la visione apocalittica del lavoro è quella della speranza che rende possibile la felicità creando la piattaforma di responsabilità per tutte le parti coinvolte nell'esercizio di una funzione o di un contratto di lavoro. E poiché tutto il lavoro porta in sé i semi del futuro, partecipa allo sforzo dell'intero cosmo nella sua aspirazione alla pienezza e al completamento. Esso costituisce la dinamica di un ponte gettato tra il presente e il futuro che permette a tutti di realizzarsi dimostrando solidarietà con gli altri. Così ogni atto porta in sé il futuro dell'umanità e del mondo intero.

**Conclusione**

La Bibbia, che inizia con il libro della Genesi e termina con il libro dell'Apocalisse, rende tutta la storia umana una santa avventura basata sul progetto di vita e di pienezza. La biocentralità che ha scandito le varie creazioni in Gn 1-3, mette in luce la volontà di Dio di portare tutto a compimento. L'uomo che è al centro dell'iniziativa di Dio ha imparato a sentire la sua dignità di essere a immagine e somiglianza del Creatore. La nobile responsabilità che gli è spettata di soggiogare la terra, di governarla, di coltivarla e di custodirla, gli impone di agire con ragione, intelligenza e prudenza. Così, egli sarà in grado di cogliere le leggi iscritte nel cuore di ogni creatura per essere efficientemente co-creatore. È in questa ricerca dell'intelligibilità ecologica che l'essere umano impara a sviluppare le sue capacità di intuizione, di scoperta, d'ingegno e creatività. Egli se ne ispira per sviluppare le sue capacità e potenzialità e per promuovere una sana ecologia ambientale, sociale, economica e politica. Ezechiele 40-48 offre una nuava visione del lavoro interessandosi particularmente al castato e all'architettura come quadro geopolitico della socialità del lavoro. Inoltre, il legame tra idraugrafia e l'igegneria economica, alimentare e medica viene appunto sistematizzare la prospettiva sacra del lavoro e dell'occupazione.

Il lavoro umano non è fine a se stesso. Esso ha lo scopo di gestire il cosmo e di condurre l'uomo alla sua pienezza. Questo è ciò che rivela il libro dell'Apocalisse quando presenta la vita come un progetto compiuto. Gli operatori di pace, i servitori del Dio vivente sono scritti nel libro della vita. Per aver trasformato il tempo calcolabile in tempo storico attraverso le loro opere di vita, ora hanno accesso all'albero della vita della città santa e alla sorgente dell'acqua della vita che sgorga da sotto il trono del Dio dell'Agnello. Il lavoro non è più quindi solo un fatto economico e commerciale soggetto a riduzioni di costi, ma diventa la via maestra che conduce alla pienezza della vita. E l'uomo che lavora non è un capitale o una merce da vendere, ma una persona degna, un progetto di vita che si realizza attraverso il lavoro.

Parte seconda:

# LE INDICAZIONI DEL MAGISTERO CATTOLICO: DALLA SOCIALITÀ DEL LAVORO ALL'EDUCAZIONE PER L'OCCUPAZIONE

Traendo ispirazione dalla Bibbia e dalla Tradizione, la Chiesa è stata particolarmente interessata alla questione del lavoro umano, in particolare a partire dal XIX secolo, quando questo tema è diventato centrale tra le preoccupazioni sociali. Nel suo ruolo profetico, si sforza di denunciare le strutture sociali, economiche, politiche e geostrategiche che mettono in pericolo la vita e gli interessi dei lavoratori. Illumina ed educa la coscienza alla responsabilità di scelte rispettose della dignità umana in generale e di quella del lavoratore in particolare. Suggerisce quindi possibili cammini di soluzioni che rispettino il primato del lavoro sul capitale, il diritto alla proprietà e alla giustizia che devono promuovere l'equa distribuzione del bene comune a tutti.

Nel corso degli anni, il Magistero si apre ampiamente alle scienze umane e sociali, alle competenze economiche, alle politiche geostrategiche e alle nuove tecnologie informatiche e artificiali come luoghi di feconde ispirazioni metodologiche ed epistemologiche. Quest'apertura consente di sviluppare in modo speciale la questione dell'educazione al lavoro in un contesto di approccio globale alla conoscenza, l'organizzazione delle scuole e delle università, nonché i diplomi rilasciati. La destinazione universale della dottrina sociale cattolica e l'importanza del suo contributo per chiarire le principali preoccupazioni dell'umanità continuano a trovare echi favorevoli nelle Nazioni Unite, nelle sue organizzazioni e programmi, in particolare nell'Organizzazione Internazionale del Lavoro (ILO).

## 1. Il lavoro umano: una delle principali preoccupazioni del magistero

Le scoperte scientifiche e tecniche hanno innescato la rivoluzione industriale e la complessità delle questioni urbane. Autori come Auguste Comte, Karl Marx, Emile

Durkheim, Marx Weber, Albion Small hanno riflettuto sulle questioni sociali e soprattutto su quelle dei lavoratori. Focalizzando i loro approcci spesso sul profitto, il primato del capitale sul lavoro e la persona umana, i capitalisti liberali hanno favorito la creazione di un mondo che si è globalizzato sull'imperialismo economico, i conflitti e la distruzione della natura e dell'uomo. L'economia liberale tecnocratica sfrutta i Paesi meno sviluppati e strumentalizza l'essere umano riducendolo a un oggetto. La globalizzazione orienta l'educazione al servizio del consumismo, del pensiero unico, della cultura unica e della degradazione sociale. L'uomo lavora per la sua distruzione. La Chiesa a sua volta, pur immergendosi nei grandi mutamenti sociali e politici, s'impegna ad offrire il proprio insegnamento come possibilità di miglioramento della situazione dei lavoratori e una giusta collaborazione tra datori di lavoro e lavoratori per la promozione del bene comune. Inoltre, è interessata a fornire al pensiero moderno e postmoderno strade per trovare soluzioni che promuovano il rispetto della dignità umana, il vero sviluppo e la protezione dell'ecologia. La prima Enciclica che segna la storia del pensiero sociale della Chiesa risale al 1891 ed è la *Rerum Novarum* (RN) di Leone XIII.

### *1.1 L'occupazione e la questione del lavoro nella RN*

L'enciclica *Rerum Novarum* fu preceduta dall'opera del vescovo von Kettler in Germania, che nella sua opera, *La Question ouvrière et le christianisme* (1864) critica la struttura del liberalismo e propone l'intervento della legislazione e l'autonomia dei lavoratori. Mons. Mermillod, vescovo di Ginevra, insieme a René de La Tour du Pin, fondò l'Unione Cattolica per gli studi sociali ed economici, chiamata *Unione di Friburgo*. Quest'ultimo era particolarmente interessato al sindacalismo, al sistema corporativo, all'organizzazione industriale, alla questione agraria, ai salari all'assicurazione dei lavoratori e alla regolamentazione internazionale della produzione industriale. Inoltre, i cardinali Manning in Inghilterra e de Bonald in Francia hanno rafforzato i movimenti di azione e riflessione dei laici cristiani. Il cardinale Gibbons difese la causa dei Cavalieri del Lavoro presso papa Leone XIII. E nel 1889, il cardinale Manning si dedicò in particolare alla difesa dello sciopero dei portuali.

#### *1.1.1 Dal lavoro espiatorio alla responsabilità sociale collaborativa*

Il Papa Leone XIII insegna che anche nello stato di innocenza l'uomo non era destinato all'ozio. Purtroppo quello che la volontà avrebbe liberamente abbracciato come esercizio piacevole è diventato, dopo il peccato, una necessità imposta come espiazione e accompagnata dalla sofferenza (cfr Gn 3:17). Così il lavoratore e il padrone sono impegnati in un dovere esistenziale di equilibrata collaborazione affinché ciascuna delle due parti porti il suo contributo. Di conseguenza, col contratto di lavoro, tutti devono assumersi con piena responsabilità i reciproci doveri. Il lavoratore deve completare fedelmente tutto il lavoro che ha intrapreso liberamente e secondo equità. Deve evitare di ferire il suo capo, né nella sua proprietà, né nella sua persona e rivendicare i suoi diritti senza violenza e senza sedizione. Quanto al capo, è tenuto a trattare il lavoratore con dignità poiché il lavoro del corpo, lungi dall'essere oggetto di vergogna, onora l'uomo. Inoltre, deve assicurarsi che l'operaio abbia tempo sufficiente da dedicare alla pietà e da essere protetto dalla seduzione e dalle sollecitazioni corruttive. Nulla deve indebolire nel lavoro lo spirito di famiglia, né le abitudini economiche. Il capo non dovrebbe costringerlo a lavorare oltre le sue forze o in contrasto con la sua età o sesso. E deve pagargli il giusto stipendio. Il lavoratore non deve essere vittima di alcuna violenza, né di usura per minare i risparmi del povero, soprattutto perché quest'ultimo è meno in grado di difendersi, e il suo patrimonio è più sacro perché più modesto.

Il Papa insiste inoltre sul giusto possesso della ricchezza, sul suo uso legittimo e sulla proprietà privata. Quest'ultimo è un diritto naturale dell'uomo, il cui esercizio è sia permesso che assolutamente necessario. Tuttavia, l'uomo non dovrebbe considerare le cose esterne come private, ma come comuni, in modo da poterle condividere facilmente con i bisognosi (RN 1891:6-8.27).

*1.1.2 Lo Stato e la gestione del lavoro al servizio del bene comune*

Il Papa definisce lo Stato come l'istituzione di difesa di tutti:

> una armoniosa unità che abbraccia del pari le infime e le alte classi. I proletari né di più né di meno dei ricchi sono cittadini per diritto naturale, membri veri e viventi onde si compone, mediante le famiglie, il corpo sociale: per non dire che ne sono il maggior numero. Ora, essendo assurdo provvedere ad una parte di cittadini e trascurare l'altra, è stretto dovere dello Stato prendersi la dovuta cura del benessere degli operai; non facendolo, si offende la giustizia che vuole si renda a ciascuno il suo...tra i molti e gravi doveri dei governanti solleciti del bene pubblico, primeggia quello di provvedere ugualmente ad ogni ordine di cittadini, osservando con inviolabile imparzialità la giustizia cosiddetta distributiva (RN 27).

Lo Stato deve intervenire con tutta la forza della sua legge e senza dover temere il rimprovero d'interferenza. In virtù del suo stesso ufficio, deve servire l'interesse comune affinché la costituzione e l'amministrazione della società, sia pubbliche che private, siano prospere. È un dovere di prudenza civile e il compito di tutti i governanti. La prosperità di una nazione dipende dall'integrità dei costumi, dall'ordine e della moralità, dalla pratica della religione e dal rispetto della giustizia. Dipende anche da un'aliquota moderata e da un'equa distribuzione delle tasse, dal progresso dell'industria e del commercio, dall'agricoltura fiorente e simili. Lo Stato può e deve rendersi utile ad altre classi. Allo stesso modo, può migliorare notevolmente la sorte della classe operaia, garantirne la vita e gli interessi e assicurare l'esercizio della giustizia distributiva. Ciò obbliga tutti i cittadini, secondo le loro capacità, a contribuire con la loro quota ai beni comuni che saranno nuovamente distribuiti tra gli individui. In realtà, tutti questi beni sono il frutto del lavoro dell'operaio, del lavoro nei campi o in fabbrica, che ne è soprattutto la fonte feconda e necessaria. È giusto che lo Stato garantisca che i lavoratori ricevano una quota adeguata dei beni che forniscono alla società, come alloggio e vestiario, e che possano vivere a costo di meno punizioni e privazione.

Il Pontefice ricorda la verità fondamentale che ogni autorità viene da Dio ed è una partecipazione della sua suprema autorità. Pertanto, coloro che esercitano l'autorità dovrebbero esercitarla sull'esempio di Dio, evitando di prendere di mira gli interessi dei potenti a scapito di coloro che sono soggetti ad essi. Lo Stato deve proteggere i diritti di tutti prevenendo o vendicando la loro violazione. Tuttavia, nella protezione dei diritti privati, deve prestare particolare attenzione ai deboli e ai bisognosi. Questa sollecitudine protegge i lavoratori dagli scioperi. Questi causati da un lavoro troppo lungo o troppo faticoso e da un salario troppo basso, non solo non avvantaggiano né i datori di lavoro né i lavoratori, ma ostacolano il commercio e danneggiano gli interessi generali della società. Possono facilmente degenerare in violenza e tumulto.

Donne e bambini hanno bisogno di un lavoro giusto ed equo. È quindi proibito dare un lavoro che sia superiore alle forze della persona, o che non sia conforme all'età o al sesso. Quanto alle donne, sono naturalmente destinate ai lavori domestici che salvaguardano mirabilmente l'onore del suo sesso e rispondono meglio, per natura, a ciò che richiedono la buona educazione dei figli e il benessere della famiglia.

### *1.1.3 Occupazione e socialità*

Sono necessarie istituzioni di riavvicinamento tra datori di lavoro e lavoratori. Si tratta di società di mutuo soccorso, istituzioni private il cui scopo è aiutare i lavoratori, le loro vedove e orfani, in caso di morte, infortuni o infermità. Sono anche i mecenati che esercitano una benefica protezione sui bambini di entrambi i sessi, sugli adolescenti e sugli uomini adulti. Le corporazioni dei lavoratori devono occupare un posto d'onore. Sono composte da soli lavoratori, o da lavoratori e datori di lavoro insieme. È auspicabile che aumentino il loro numero e la loro efficienza e il loro programma di azione per il bene comune. In questo bene sta il fine della società. Questo è un bene a cui tutti hanno il diritto di partecipare in misura proporzionata.

La società privata è quella che si forma per uno scopo privato, come quando due o tre si uniscono per svolgere attività di commercio. Le società private esistono solo all'interno della società civile di cui sono come tante parti poiché tutte le società, pubbliche e private, hanno avuto origine dallo stesso principio: la socialità naturale dell'uomo. Lo Stato ha il dovere di proteggere queste società evitando di interferire nel loro governo interno o di toccare le organizzazioni interne che danno loro la vita (RN 36-44). Queste linee guide saranno sviluppate nell'enciclica *Populorum Progressio* (PP) di Papa Paolo VI nel 1967.

### *1.2 Populorum Progressio: prospettiva olistica del lavoro e dell'occupazione*

La visione cristiana del lavoro e dello sviluppo è il progresso di ogni uomo e dell'intera umanità. La Chiesa evita di separare l'economico dall'umano, lo sviluppo dalle civiltà di cui fa parte. Il soggetto umano è il più importante e riguarda ogni uomo, ogni gruppo, fino all'umanità intera. Questa prospettiva costituisce una delle principali preoccupazioni dopo il Concilio Vaticano II. Ecco perché i numeri da 7 a 10 dell'Enciclica sollevano immediatamente i problemi della colonizzazione e del colonialismo, del crescente squilibrio all'interno delle società, dell'accresciuta consapevolezza e degli scontri tra civiltà e tra generazioni. Il lavoro concorre alla crescita della dignità umana.

#### *1.2.1 Lavoro e occupazione: tensione alla pienezza dell'uomo*

Per la Chiesa cattolica, il lavoro e l'occupazione contribuiscono allo sviluppo dell'uomo e delle società. Il progresso è una vocazione, un progetto divino destinato a realizzarsi attraverso l'educazione e il contesto sociale e culturale. Così scrive Papa Paolo VI:

> Fin dalla nascita, è dato a tutti in germe un insieme di attitudini e di qualità da far fruttificare: il loro pieno svolgimento, frutto a un tempo della educazione ricevuta dall'ambiente e dello sforzo personale, permetterà a ciascuno di orientarsi verso il destino propostogli dal suo Creatore. Dotato d'intelligenza e di libertà, egli è responsabile della sua crescita, così come della sua salvezza. Aiutato, e talvolta impedito, da coloro che lo educano e lo circondano, ciascuno rimane, quali che siano le influenze che si esercitano su di lui, l'artefice della sua riuscita o del suo fallimento: col solo sforzo della sua intelligenza e della sua volontà, ogni uomo può crescere in umanità, valere di più, essere di più.". (PP 1967:15).

L'enciclica vede l'uomo a differenza di altri esseri come "una creatura spirituale" e la sua missione di crescita come "sintesi di tutti i doveri". Chiamato ad andare oltre in

Cristo, raggiunge il fine supremo dello sviluppo personale. Ottiene così una nuova fioritura, un umanesimo trascendente, che gli dà la sua più grande pienezza. Questo postulato di partenza pone già in sé il problema della destinazione universale dei beni. Tutte le generazioni valorizzando la creazione da sforzi intelligenti e dal lavoro, danno a ciascuno la possibilità di avere ciò che è necessario per lui. (PP 17.19-23).

### *1.2.2 Lavoro e proprietà alla prova dell'imperialismo monetario*

La proprietà privata è conseguenza del lavoro, essa non costituisce un diritto incondizionato e assoluto per nessuno e non dovrebbe mai essere esercitato a scapito dell'utilità comune. Al contrario, il bene comune talvolta richiede espropriazioni di proprietà private se, a causa della loro estensione, del loro poco o nullo uso, della conseguente miseria per le popolazioni, del notevole danno arrecato agli interessi del Paese, costituiscono un ostacolo alla prosperità collettiva. Il reddito disponibile non è lasciato al capriccio degli uomini e le speculazioni egoistiche devono essere bandite. Non si può quindi accettare che cittadini dotati di abbondanti redditi, derivanti da risorse e attività nazionali, ne trasferiscano una parte considerevole all'estero a proprio vantaggio personale, senza preoccuparsi dell'ovvio danno che arrecano alla propria patria.

L'accumulazione della proprietà privata è il proprio dell'economia liberale e dell'industrializzazione. Questa infatti, partecipa al progresso umano perché, attraverso di essa l'uomo strappa con la sua intelligenza e con il suo lavoro i segreti della natura, sfruttando al meglio la sua ricchezza. A tal fine disciplina le sue abitudini, sviluppa il gusto per la ricerca e l'invenzione, sprona il rischio calcolato, l'audacia in azienda, l'iniziativa generosa, il senso di responsabilità. Tuttavia, il capitalismo liberale che ne deriva considera il profitto

> come motore essenziale del progresso economico, la concorrenza come legge suprema dell'economia, la proprietà privata dei mezzi di produzione come un diritto assoluto, senza limiti né obblighi sociali corrispondenti. Tale liberalismo senza freno conduceva alla dittatura, a buon diritto denunciata da Pio XI come generatrice dell'"imperialismo internazionale del denaro" (PP 26).

### *1.2.3 Lavoro sostenuto dalla pianificazione pubblica*

Il lavoro consente all'uomo di cooperare al completamento della creazione e, contemporaneamente contrassegna la terra con l'impronta spirituale di Dio che ha dotato l'uomo d'intelligenza, immaginazione e sensibilità. Attraverso il suo lavoro la creatura diventa creatore: come artista o artigiano, imprenditore, operaio o contadino.

Chino su una materia che gli resiste, l'operaio le imprime il suo segno, sviluppando nel contempo la sua tenacia, la sua ingegnosità e il suo spirito inventivo. Diremo di più: vissuto in comune, condividendo speranze, sofferenze, ambizioni e gioie, il lavoro unisce le volontà, ravvicina gli spiriti e fonde i cuori: nel compierlo, gli uomini si scoprono fratelli." (Chenu 1951 citato in PP 27).

Per il cristiano il lavoro ha ancora la missione di collaborare alla creazione del mondo soprannaturale (von Nell-Breuning 1956:183-184), incompiuta fino a quando non riusciremo tutti insieme a costituire l'uomo perfetto di cui parla San Paolo, "che realizza la pienezza di Cristo" (Ef 4:13).

Affinché il lavoro sia utile a tutti, è necessario includerlo nei programmi e nella programmazione per "incoraggiare, stimolare, coordinare, completare e integrare" (*Mater et Magistra* 1961:53), l'azione dei singoli e corpi intermedi. Le autorità pubbliche devono scegliere e anche imporre gli obiettivi per perseguire gli obiettivi da raggiungere, i mezzi per raggiungerli. Hanno cura di associare iniziative private ed enti intermediari per evitare il pericolo di una collettivizzazione integrale o di una progettazione arbitraria che, negando la libertà, escluderebbe l'esercizio dei diritti fondamentali della persona umana (PP 33). Pertanto, qualsiasi programma di sviluppo deve preoccuparsi tanto del progresso sociale quanto della crescita economica. E l'economia e la tecnologia devono essere al servizio dell'uomo.

### *1.2.4 Educazione, alfabetizzazione e organizzazioni professionali*

Secondo papa Paolo VI, l'istruzione di base e l'alfabetizzazione dovrebbero essere il primo obiettivo di un piano di sviluppo. In effetti, egli precisa che la fame d'istruzione è deprimente quanto la fame di cibo. E un analfabeta è una mente malnutrita. Saper leggere e scrivere, acquisire una formazione professionale, è riacquistare fiducia in sé stessi e scoprire che si può progredire con gli altri. Come ha detto nel suo messaggio al Congresso degli UNESCO nel 1965, a Teheran, l'alfabetizzazione è per l'uomo "un fattore primordiale d'integrazione sociale oltre che di arricchimento personale, per la società uno strumento privilegiato di progresso e sviluppo economico" (*Documentation Catholique* 1965 t.2:1674-1675). L'educazione familiare rimane essenziale per lo sviluppo umano.

Le vecchie strutture sociali dei Paesi in via di sviluppo sono tuttavia ancora necessarie per un po', mentre allentano gradualmente la loro presa esagerata. Il Papa sottolinea l'importanza della famiglia naturale, monogama e stabile secondo il disegno di Dio. La comunità famigliare deve restare questo luogo d'incontro di più generazioni che si aiutano reciprocamente ad acquisire una più ampia saggezza e ad armonizzare i diritti della persona con le altre esigenze della vita sociale. Nella sua missione educativa, la famiglia deve essere aiutata dalle organizzazioni professionali. La loro ragion d'essere è promuovere gli interessi dei loro membri. La loro responsabilità è grande di fronte al compito educativo che devono svolgere. Attraverso le informazioni che forniscono e la formazione che offrono, possono fare molto per dare a tutti il senso del bene comune e degli obblighi che comporta per tutti. Tuttavia, il cristiano deve guardarsi da qualsiasi organizzazione che insegni una filosofia materialista e ateistica, che non rispetti né l'orientamento religioso della vita al suo fine ultimo, né la libertà o la dignità umana. L'istruzione è anche opera delle istituzioni culturali. Il futuro del mondo sarebbe in pericolo, afferma gravemente il Concilio, se il nostro tempo non sapesse fare uomini saggi. E aggiunge che molti Paesi poveri di beni materiali, ma ricchi di saggezza, potranno aiutare potentemente gli altri su questo punto (*Gaudium et Spes* 1965:15§3). Ricco o povero, ogni Paese ha una civilizzazione ricevuta dagli antenati: istituzioni necessarie alla vita terrena e manifestazioni superiori artistiche, intellettuali e religiose della vita dello spirito. Un popolo che acconsentisse a abbandonare la sua cultura perderebbe così il meglio di sé (PP 36-40). E le persone devono evitare la trappola della tentazione materialista della civiltà tecnica e culturale di conquistare la prosperità materiale. L'educazione deve tendere a un umanesimo pieno (Maritain 1936), un umanesimo aperto all'Assoluto (PP 42).

### *1.2.5 Programmi di solidarietà ed equità nelle relazioni internazionali*

Ogni popolo deve produrre di più e meglio per ottenere uno standard di vita veramente umano e per contribuire allo sviluppo unitario dell'umanità. I Paesi sviluppati devono aiutare quelli in via di sviluppo a formare educatori, ingegneri, tecnici, scienziati che mettano al loro servizio scienza e competenza (PP 48). Questa solidarietà deve funzionare attraverso programmi concertati basati su studi approfonditi, la definizione di obiettivi, mezzi e sforzi. Questo è il motivo per cui papa Paolo VI chiese a Bombay di istituire un grande Fondo mondiale, fornito da una parte delle spese militari, per aiutare i più svantaggiati (Paolo VI 1965:5).

Anche gli accordi bilaterali o multilaterali devono essere incorporati in un programma in modo che i Paesi beneficiari sottosviluppati siano protetti da certe manifestazioni di neocolonialismo, sotto forma di pressioni politiche e di dominazione economica volte a difendere o conquistare un'egemonia dominante. Questi fondi consentiranno di combattere la fame, la povertà e l'ignoranza e di costruire e attrezzare scuole e ospedali. Tutto ciò, operando in termini di dialogo instaurato tra le nazioni, impedirebbe ai Paesi in via di sviluppo di essere sommersi dai debiti e di essere vittime di interferenze nella loro politica, minaccia della loro sovranità o disturbi nella loro struttura sociale. (PP 48-56).

È dovere dei Paesi altamente sviluppati esercitare l'equità nelle relazioni commerciali con i Paesi sottosviluppati. Esportando principalmente manufatti che trasformano in prodotti di consumo indeboliscono le loro economie già troppo fragili perché basate solo sulla vendita di prodotti agricoli e materie prime. Purtroppo queste esportazioni sono soggette a forti e improvvise variazioni di prezzo. Di conseguenza, i poveri rimangono sempre poveri e i ricchi diventano sempre più ricchi. Quando i prezzi si formano "liberamente" sul mercato, portano a risultati sleali. Negli scambi tra economie a diversi stadi di sviluppo, è necessario ripristinare almeno una certa parità di opportunità ra i partner attraverso convenzioni internazionali che fissino standard generali di regolamentazione dei prezzi, per garantire alcune produzioni e sostenere alcune industrie nascenti (PP 57-61). Sono le caratteristiche proprie del capitalismo liberale basato sul principio della libera concorrenza che ipoteca il futuro dei Paesi poveri e minaccia la vita dei lavoratori anche nei Paesi sviluppati.

Sarà l'enciclica "Laborem Exercens", promulgata da Giovanni Paolo II il 14 settembre 1981 ad offrire una più profonda analisi e la visione cristiana del lavoro e dell'occupazione.

### *1.3 Laborem Exercens: il lavoro e l'occupazione nell'era dell'alta tecnologia*

Verso la fine del secolo scorso l'esercizio del lavoro e dell'occupazione ha subito profondi mutamenti grazie all'introduzione delle più moderne tecnologie quali l'informatica, la telematica, la logistica e i microprocessori. Queste tecnologie hanno determinato trasformazioni nella produzione, nelle strutture e nei rapporti di lavoro. La Chiesa si sforza di scoprire i nuovi significati del lavoro umano e di formulare i nuovi compiti che si presentano ad ogni uomo, alla famiglia, alle nazioni particolari, a tutta l'umanità e infine alla Chiesa stessa.

#### *1.3.1 Lavoro in senso oggettivo e soggettivo: dall'agricoltura all'industrializzazione*

Secondo papa Giovanni Paolo II, il lavoro, inteso come attività "transitiva", prende la sua sorgente nel soggetto umano e si rivolge a un oggetto esterno. La terra è soprattutto la porzione di universo visibile alla portata dell'uomo. Creato uomo e donna a immagine e somiglianza di Dio, l'uomo ha il dominio su tutte le risorse che la terra nasconde in lei. Ognuno, in misura adeguata e con un numero incalcolabile di modalità, partecipa a questo gigantesco processo attraverso il quale l'uomo "sottomette la terra" con la sua opera (LE 1981:4) l'uomo già domina la terra per il fatto che addomestica gli animali, allevandoli e traendone il cibo e gli indumenti necessari, e per il fatto che può estrarre dalla terra e dal mare varie risorse naturali. Ma la domina molto di più quando inizia a coltivarla, e quando trasforma i suoi prodotti per adattarli alle sue esigenze. L'agricoltura è quindi un settore primario dell'attività economica. È, grazie al lavoro dell'uomo, un fattore di produzione indispensabile. L'industria, a sua volta, consisterà sempre nel combinare le ricchezze della terra come le risorse grezze, i prodotti agricoli, le risorse minerarie o chimiche e il suo lavoro fisico e intellettuale. È lo stesso nel settore dei servizi e in quello della ricerca, pura o applicata. Sempre più, nell'industria ma anche nell'agricoltura, lo sviluppo della scienza e della tecnologia ha fatto sì che gli sforzi umani siano sostituiti da macchine accentuate dall'elettronica, soprattutto nel campo della miniaturizzazione, dell'informatica e della telematica (LE 5).

Il lavoro in senso soggettivo considera l'uomo come soggetto che lavora L'uomo, infatti, "immagine di Dio" è una persona, cioè un soggetto capace di agire in modo programmato e razionale, capace di decidere da sé e tendente a realizzarsi. È come persona che l'uomo è oggetto di lavoro, dotato di libertà e autonomia. È il primo fondamento del valore del lavoro. Quindi il lavoro è soprattutto "per l'uomo" e non l'uomo "per il lavoro". Pertanto, il lavoro deve essere valorizzato secondo la dignità di chi lo esegue. Il fine del lavoro è l'uomo stesso (LE 6).

### *1.3.2 Dall'economia materialista alla disoccupazione dei laureati*

L'economia materialista fa del lavoro una specie di merce che l'operaio, e specialmente l'operaio industriale, vende al datore di lavoro, che possiede il capitale. È anche una forza anonima o forza lavoro. L'uomo è trattato come uno strumento di produzione e non secondo la vera dignità del suo lavoro o come soggetto e autore, e quindi come il vero obiettivo dell'intero processo di produzione. Inoltre, è importante notare l'esistenza di forme di neocapitalismo o collettivismo in cui i lavoratori sono autorizzati a partecipare alla gestione e al controllo della produttività delle aziende. Tuttavia, il problema della disoccupazione sta diventando sempre più degradante. L'aumento del numero di laureati disoccupati va di pari passo con una diminuzione della domanda di lavoro. Questo fenomeno di disoccupazione intellettuale a volte è dovuto al fatto che la formazione non è orientata verso i tipi di lavori o servizi che le reali esigenze della società richiedono, ma è anche dovuto al fatto che il lavoro per cui è richiesta l'istruzione, almeno professionale, è meno ricercata o meno retribuita del lavoro manuale.

*1.3.3 Dignità del lavoro e della persona*

"Con il sudore della tua fronte mangerai il tuo pane" (Gn 3,19). Queste parole si riferiscono alla fatica a volte pesante che da allora ha accompagnato il lavoro umano. Se questo bene porta il segno di un *bonum arduum*, di un "bene arduo", secondo la terminologia di San Tommaso (Summa Th. I-II, q.40, a.1, c.; I-II, q.34, a.2, ad 1), lo sperimentano tutti coloro che lavorano nell'agricoltura, nelle miniere, nelle cave di pietra, nell'industria siderurgica con gli altiforni, nei cantieri, ma anche gli intellettuali, gli scienziati, i funzionari politici e amministrativi, così come i medici e le infermiere, le donne che quotidianamente sopportano la fatica e la responsabilità della propria casa e dell'educazione dei propri figli (LE 9).

Tuttavia, il lavoro non è solo un bene utile o piacevole, ma è un bene degno. Anzi, corrisponde alla dignità dell'uomo, la esprime e la accresce. Il lavoro è un bene dell'uomo, della sua umanità. Secondo il Papa, "mediante il lavoro l'uomo non solo trasforma la natura adattandola alle proprie necessità, ma anche realizza se stesso come uomo e anzi, in un certo senso, «diventa più uomo»" (LE 9). Il lavoro umano è positivo e creativo, educativo e meritorio. Pertanto, deve costituire la base di stime e decisioni anche con riferimento ai diritti umani soggettivi, come attestato dalle dichiarazioni internazionali e anche dai molteplici codici del lavoro e in particolare dall'Organizzazione Internazionale del Lavoro (ILO).

La dignità del lavoro, causa efficiente della produzione, gli dà la priorità sul capitale, che è la sua causa strumentale. Va quindi sottolineato che il lavoro è legato alla proprietà. L'uomo, infatti, per far crescere le risorse attraverso il suo lavoro, si appropria di piccole parti delle varie ricchezze della natura: dal sottosuolo, dal mare, dalla terra, dallo spazio facendone il sito del suo lavoro. Se ne appropria attraverso il lavoro e per avere più lavoro. L'uomo non crea ma scopre. Trova ricchezze già pronte, preparate per la loro scoperta e per un corretto utilizzo nel processo di produzione. All'inizio del lavoro umano c'è quindi il mistero della creazione e il primato dell'uomo sulle cose. In quanto soggetto del lavoro, e qualunque lavoro svolga, l'uomo, e lui solo, è una persona.

Per l'argomento personalista, l'uomo vuole essere corresponsabile e co-artigiano nel lavoro che occupa. Da ciò derivano diversi diritti specifici dei lavoratori, diritti che corrispondono all'obbligo di lavorare. Anche se lavora nella proprietà collettiva, lavora allo stesso tempo "per conto proprio". Il lavoro umano non riguarda solo l'economia, ma coinvolge anche e soprattutto i valori personali. Tutto deve essere fatto affinché l'uomo possa conservare, anche in un sistema di socializzazione, la consapevolezza di lavorare per se stesso.

*1.3.4. Datori di lavoro indiretti e diretti e riduzione in schiavitù dei Paesi poveri*

Il lavoro è un obbligo. L'uomo deve lavorare perché il Creatore gli ha ordinato di farlo, e anche per la sua stessa umanità, la cui sussistenza e sviluppo richiedono lavoro. Deve lavorare per il bene del suo vicino, della sua famiglia, della società, della nazione di cui è figlio o figlia, per tutta la famiglia umana di cui è membro. È erede dell'opera delle generazioni che lo hanno preceduto e allo stesso tempo co-architetto del futuro di quelle che verranno dopo di lui nel corso della storia. Nelle fabbriche il lavoratore entra in contatto con un datore di lavoro diretto e indiretto. La responsabilità del datore di lavoro indiretto è diversa da quella del datore di lavoro diretto. Infatti, il datore di lavoro indiretto come lo stato o istituzione determina sostanzialmente l'uno o l'altro aspetto del rapporto di lavoro e quindi condiziona il comportamento del datore di lavoro diretto quando quest'ultimo determina specificamente il contratto e il rapporto di lavoro. Un'osservazione di questo tipo non intende sollevare quest'ultimo dalla responsabilità che gli appartiene di per sé, ma solo richiamare l'attenzione sull'intreccio delle condizioni che influenzano il suo comportamento. In modo che tutti i diritti oggettivi del lavoratore siano pienamente rispettati. I rapporti economici di importazione ed esportazione, dice il Pontefice, possono facilmente dar luogo a varie forme di sfruttamento o ingiustizia e quindi avere un'influenza sulla politica del lavoro degli Stati e, in ultima analisi, sul singolo lavoratore. Questo perché i Paesi altamente industrializzati e le società multinazionali o transnazionali impongono i prezzi più alti per i loro prodotti ma allo stesso tempo fissano i prezzi più bassi per le materie prime ai semilavorati. Di conseguenza, i Paesi poveri sono ulteriormente impoveriti a vantaggio dei Paesi ricchi. In queste situazioni, il datore di lavoro diretto del Paese povero si trova obbligato a sottoporre i lavoratori a condizioni sfavorevoli, soprattutto se vuole trarre il massimo profitto. Tuttavia, l'attuazione dei diritti dei lavoratori non può essere condizionata dal massimo profitto delle multinazionali. Al contrario, è proprio la considerazione dei diritti oggettivi dei lavoratori manuali, intellettuali, industriali o agricoli, che deve costituire il criterio adeguato e fondamentale per la formazione dell'intera economia. L'Organizzazione internazionale del lavoro (ILO), l'Organizzazione delle Nazioni Unite per l'alimentazione e l'agricoltura (FAO) e altri devono ancora fornire ulteriori contributi. Nell'ambito dei diversi Stati, esistono ministeri, autorità pubbliche e anche varie organizzazioni sociali istituite a tale scopo. Il datore di lavoro indiretto opera dunque nel pieno rispetto dei diritti del lavoratore, perché i diritti della persona umana costituiscono l'elemento chiave dell'intero ordine morale sociale (LE: 16-18).

### *1.3.5. Disoccupazione e diritti dei lavoratori*

Secondo la *Laborem Exercens*, la disoccupazione consiste nella mancanza di posti di lavoro per chi è in grado di lavorare. Può essere una mancanza di lavoro in generale o in settori specifici. Il ruolo delle autorità come datore di lavoro indiretto è quello di agire contro la disoccupazione, e in particolare quella dei giovani nonostante la loro adeguata formazione culturale, tecnica e professionale.

Inoltre, nonostante le grandi risorse naturali inutilizzate delle comunità, ci sono più folle di disoccupati, sottoccupati, enormi moltitudini di persone che muoiono di fame. Questa incoerenza sociale rivela che all'interno di ciascuna comunità politica, nonché a livello continentale e globale, l'organizzazione del lavoro e dell'occupazione resta problematica. Il principio dell'uso comune dei beni o del diritto alla vita e alla sussistenza richiede di offrire ai disoccupati sussidi essenziali alla loro sussistenza e a quella delle loro famiglie.

In quanto datore di lavoro indiretto, lo Stato deve lottare contro la disoccupazione realizzando una pianificazione globale per un'organizzazione corretta e razionale del lavoro, cioè in un coordinamento equo e razionale che garantisca l'iniziativa di persone, gruppi liberi, centri e gruppi di lavoro locali. La collaborazione internazionale deve aiutare a firmare trattati e accordi. Una pianificazione razionale commisurata alle varie società e ai vari Stati dovrebbe anche facilitare la scoperta delle giuste proporzioni tra i vari tipi di attività: il lavoro della terra, dell'industria, dei servizi multipli, il lavoro intellettuale come lavoro scientifico o artistico, secondo le capacità di ciascuno. Tutto ciò richiede un sistema d'istruzione e educazione adattato, che abbia come primo obiettivo lo sviluppo dell'umanità e la sua maturità. Richiede quindi la formazione specifica necessaria per occupare proficuamente un posto adeguato nel cantiere di lavoro vasto e socialmente differenziato. Il lavoratore ha diritto a un'equa remunerazione che è la concreta verifica della giustizia dell'intero sistema socio-economico rispetto alla vita e al futuro della famiglia. Può anche trattarsi di uno stipendio in misure sociali, come gli assegni familiari o gli assegni per la madre casalinga.

Va aggiunto che è necessario rivalutare le funzioni materne, per il lavoro che le è connesso, e in particolare la cura, l'amore e l'affetto di cui i bambini hanno bisogno per diventare persone responsabili, moralmente e religiosamente adulte, psicologicamente equilibrate. Sarà un onore della società garantire che la madre abbia la possibilità di far crescere i propri figli e dedicarsi alla loro educazione secondo le diverse esigenze della loro età. La vera promozione della donna richiede che il lavoro sia strutturato in modo tale che non sia obbligata a pagare la sua promozione abbandonando la propria specificità e a scapito della sua famiglia in cui lei, come madre, ha un ruolo insostituibile.

Per quanto riguarda i benefici sociali, i lavoratori dovrebbero ricevere assistenza sanitaria a costi ridotti o addirittura gratuitamente. Hanno diritto a un riposo settimanale regolare, compresa almeno la domenica, e un congedo annuale, o eventualmente una piccola vacanza presa più volte durante l'anno in periodi più brevi. Hanno inoltre diritto a pensioni, assicurazione vecchiaia e assicurazione contro gli infortuni sul lavoro. È necessario aggiungere il diritto a luoghi e metodi di lavoro che non danneggino la salute fisica dei lavoratori e che non ne danneggino l'integrità morale. I lavoratori hanno diritto all'associazione o al sindacato. I sindacati hanno il compito di difendere gli interessi esistenziali dei lavoratori. Non sono partiti politici né sono soggetti ad alcun partito. Possono impegnarsi nell'insegnamento, nell'istruzione e nella promozione di università popolari "dei lavoratori" o programmi di formazione e corsi che consentono ai lavoratori di raggiungere più pienamente la loro umanità in tutti i suoi aspetti. I lavoratori possono ricorrere allo sciopero, come una sorta di ultimatum rivolto agli organi competenti e, soprattutto, ai datori di lavoro e questo protetto da ogni abuso con il dovere di servizi essenziali alla vita della società sempre assicurati, e in caso di necessità da adeguate misure legali (LE: 19).

*1.3.6 Dignità del lavoro agricolo, lavoro dei disabili e degli emigranti*

Il lavoro agricolo richiede molto sforzo fisico e spesso manca della giusta formazione professionale e degli strumenti giusti. In alcuni Paesi in via di sviluppo, gli agricoltori sono costretti a coltivare la terra di altre persone e sono sfruttati dai grandi proprietari terrieri. Non beneficiano di alcuna forma di tutela giuridica né per sé né per i propri familiari in caso di vecchiaia, malattia o disoccupazione. Lunghi giorni di duro lavoro fisico pagato miseramente. Il terreno coltivabile è abbandonato dai proprietari. Il valore di un piccolo appezzamento di terreno, coltivato in proprio da anni, è minimo e non può essere difeso di fronte a individui o gruppi più potenti. Ma anche nei Paesi economicamente sviluppati, dove la ricerca scientifica, i progressi tecnologici o la politica statale hanno portato l'agricoltura a un livello molto avanzato, il diritto al lavoro può essere violato quando al contadino è negata la capacità di lavorare, partecipare alle scelte che determinano il proprio rendimento lavorativo, ovvero quando viene negato il diritto alla libera associazione per la giusta promozione sociale, culturale ed economica del lavoratore agricolo. In molte situazioni, sono quindi necessari cambiamenti radicali e urgenti per riportare l'agricoltura e gli agricoltori al loro vero valore come base di un'economia sana (LE 21).

Papa Giovanni Paolo II era anche interessato al lavoro dei disabili che necessitano di una formazione professionale speciale e di un'occupazione adeguata alle loro condizioni. Hanno bisogno di una giusta remunerazione, della possibilità di promozione e dell'eliminazione di vari ostacoli (LE 22). Quanto ai diritti degli immigrati, a questi devono essere applicati gli stessi criteri di qualsiasi altro lavoratore nella società. Il valore del lavoro dovrebbe essere stimato con la stessa misura e non in considerazione della differenza di nazionalità, religione o razza. Il loro trattamento deve essere basato sul valore fondamentale del lavoro, legato alla dignità della persona umana. Lo spirito della legge è quello dell'amore e della carità che svilupperà l'enciclica *Caritas in Veritate* di papa Benedetto XVI.

### *1.4 Caritas in veritate: spirito del lavoro e dell'occupazione*

L'enciclica, emanata da papa Benedetto XVI nel 2009 si occupa del carattere distributivo del lavoro e dell'occupazione, in particolare del posto della carità nell'economia e nell'impresa come realtà umana integrale e della sfida della tecnologia. Viene dopo i grandi cambiamenti della globalizzazione, l'ambiente, lo sviluppo sostenibile, la crisi finanziaria, economica e sociale. Non si occupa specificamente del lavoro umano come la *Laborem Exercens*, ma traccia un quadro generale e suggerisce lo spirito in cui lavoro e occupazione devono evolversi per essere al servizio dello sviluppo integrale dell'uomo. Il lavoro umano è prima di tutto una dinamica imprenditoriale che s'inserisce nell'attuale situazione di globalizzazione dove tutti gli uomini sono chiamati nella carità a costituire la stessa fraternità universale.

#### *1.4.1 Lavoro, sviluppo e mercato*

L'obiettivo del lavoro umano è lo sviluppo integrale dell'uomo. Nel paragrafo 21 della *Caritas in Veritate*, Benedetto XVI riprende la definizione dello sviluppo secondo Paolo VI in questi termini:

> Paolo VI aveva una visione articolata dello sviluppo. Con il termine «sviluppo» voleva indicare l'obiettivo di far uscire i popoli anzitutto dalla fame, dalla miseria, dalle malattie endemiche e dall'analfabetismo. Dal punto di vista economico, ciò significava la loro partecipazione attiva e in condizioni di parità al processo economico internazionale; dal punto di vista sociale, la loro evoluzione verso società istruite e solidali; dal punto di vista politico, il consolidamento di regimi democratici in grado di assicurare libertà e pace (CV 21).

È quindi chiaro che il lavoro fa parte integrante della realizzazione dell'essere umano e non può in alcun modo essere oggetto di sfruttamento commerciale che lo priva dei suoi diritti o lo rende più povero e miserabile. Il lavoro è nutrito dalla carità ed è impiegato nella carità. Secondo il Pontefice, questo è il dono che esprime e realizza la dimensione della trascendenza umana. Si distingue dalla visione puramente produttivista e utilitaristica che rinuncia a confinare l'uomo alla chiusura egoistica del peccato originale, abbandonato alla sua natura ferita, incline al male. La negazione di questa natura porta a errori nell'istruzione, nella politica, nelle azioni sociali e nei costumi. È il caso del capitalismo che fa coincidere felicità e salvezza con forme immanenti di benessere materiale e azione sociale, togliendo alla storia la speranza cristiana, potente risorsa sociale del mondo per il servizio integrale di sviluppo umano. La speranza incoraggia la ragione e le dà la forza per orientare la volontà. D'ora in poi il mercato è chiamato a essere al servizio del lavoro, a promuoverlo, sostenerlo e svilupparlo. Il mercato, scrive il Papa, è l'istituzione economica che permette alle persone di incontrarsi, come agenti economici, utilizzando il contratto per regolare i loro rapporti e scambiandosi beni e servizi fungibili tra loro per soddisfare i loro bisogni e le loro necessità e i desideri. È soggetto ai principi della giustizia commutativa, che regola i rapporti di dare e ricevere tra soggetti uguali. Tuttavia, ha bisogno di giustizia distributiva e giustizia sociale non solo a causa del più ampio contesto sociale e politico, ma anche a causa delle relazioni in cui si svolge. Lasciato al solo principio dell'equivalenza del valore dei beni scambiati, il mercato non riesce a produrre la coesione sociale di cui ha bisogno per funzionare bene. Senza forme interne di solidarietà e fiducia reciproca, il mercato non può svolgere appieno la sua funzione economica. Oggi quella fiducia manca.

Quindi, i poveri non sono un peso (LE 25) ma, al contrario, sono una risorsa anche da un punto di vista strettamente economico in quanto l'economia di mercato ha bisogno di una quota di povertà e sottosviluppo per funzionare al meglio. L'economia deve mirare al bene comune e alla politica per la giustizia attraverso la retribuzione (LE 28). La giustizia, invece, riguarda tutte le fasi dell'attività economica. La scoperta di risorse, finanza, produzione, consumo e tutte le altre fasi del ciclo economico hanno inevitabilmente implicazioni morali. La vita economica ha senza dubbio bisogno del contratto per regolare i rapporti di scambio tra valori equivalenti. Ma servono anche leggi giuste e forme di redistribuzione politicamente guidate, oltre a opere improntate allo spirito del dono. L'economia globalizzata sembra favorire la prima logica, quella dello scambio contrattuale, ma, direttamente o indirettamente, mostra di aver bisogno anche delle altre due, la logica politica e la logica del dono gratuito. Sempre più spesso le cosiddette imprese sociali si sforzano di praticare la giustizia distributiva. Non escludono il profitto ma lo considerano uno strumento per raggiungere obiettivi umani e sociali come l'umanizzazione del mercato e della società.

*1.4.2 Ambiente, disoccupazione e sindacati*

Il lavoro umano è chiamato a svolgersi in armonia con la natura, donata all'uomo dal Creatore affinché possa conservarlo e coltivarlo (Gn 2:15). L'ambiente naturale, dice il papa Benedetto XVI, porta in sé una "grammatica" che ne indica lo scopo e i criteri da utilizzare con saggezza. Essendo composta non solo di materia ma anche di spirito, la natura è ricca di significati e scopi trascendenti ed è normativa per la cultura. L'uomo, attraverso il suo lavoro, deve fondare il suo sfruttamento sulla solidarietà e la giustizia intergenerazionali, tenendo conto di molteplici aspetti: ecologico, giuridico, economico, politico, culturale (Pontificio Consiglio della Giustizia e della Pace 2004:451-487). Purtroppo oggi, strappando risorse energetiche non rinnovabili dai Paesi poveri, le grandi potenze e le loro multinazionali stanno creando e sostenendo conflitti che li destabilizzano e distruggono. La comunità internazionale ha il dovere imperativo di trovare modalità istituzionali per regolamentare lo sfruttamento delle risorse non rinnovabili, in accordo con i Paesi poveri, al fine di progettare insieme il futuro. Le società tecnologicamente avanzate possono e devono ridurre il proprio consumo energetico. Sarà necessario migliorare la produttività energetica, avanzare nella ricerca di energie alternative e procedere con una ridistribuzione planetaria delle risorse energetiche. Tali misure gioveranno alle nuove generazioni, soprattutto ai giovani presenti tra i poveri attraverso lo sviluppo economico e culturale di queste popolazioni, proteggiamo anche la natura e lottiamo contro la desertificazione e il calo della produttività in alcune regioni agricole. Quanto alla povertà e alla disoccupazione, queste sono causate dalla violazione della dignità del lavoro umano. La disoccupazione può essere dovuta a limitate opportunità di lavoro o salari bassi o insufficienti, o alla sicurezza del lavoratore e della sua famiglia. Il lavoratore merita un lavoro dignitoso, vale a dire:

> un lavoro che, in ogni società, sia l'espressione della dignità essenziale di ogni uomo e di ogni donna: un lavoro scelto liberamente, che associ efficacemente i lavoratori, uomini e donne, allo sviluppo della loro comunità; un lavoro che, in questo modo, permetta ai lavoratori di essere rispettati al di fuori di ogni discriminazione; un lavoro che consenta di soddisfare le necessità delle famiglie e di scolarizzare i figli, senza che questi siano costretti essi stessi a lavorare; un lavoro che permetta ai lavoratori di organizzarsi liberamente e di far sentire la loro voce; un lavoro che lasci uno spazio sufficiente per ritrovare le proprie radici a livello personale, familiare e spirituale; un lavoro che assicuri ai lavoratori giunti alla pensione una condizione dignitosa (CV 63).

Le organizzazioni sindacali dei lavoratori, superando i limiti specifici delle singole categorie, devono affrontare le nuove tipologie di conflitto tra individuo-lavoratore e individuo-consumatore e attivarsi per trovarvi soluzione. In particolare, le organizzazioni sindacali nazionali devono aiutare soprattutto i lavoratori dei Paesi in via di sviluppo vittime d'ingiustizie (CV 64). La carità è la nutrice del lavoro e del vero sviluppo. Sostiene le associazioni, i sindacati e le corporazioni a esercitare la giustizia distributiva e a creare il quadro giusto per lo sviluppo della dignità umana. Questo quadro comprende anche l'ambiente naturale e il tema dell'ecologia al quale si interessa particolarmente l'enciclica *Laudato Si'* di Papa Francesco.

### *1.5 Laudato Si': il lavoro umano sfidato dalle minacce ecologiche*

L'enciclica, emanata nel 2015 da papa Francesco, si fonda sui lavori del Pontificio Consiglio della Giustizia e della Pace, e offre una lettura approfondita del lavoro umano messo alla prova da una condizione ambientale sempre più minacciata di distruzione. Cerca di identificare la necessità e l'urgenza di una conversione ecologica che promuova la dignità del lavoro e lo sviluppo integrale dell'uomo. Per il cardinale Peter Turkson, Prefetto del Dicastero per lo Sviluppo Umano Intergrale, l'enciclica presenta una visione cristiana dell'ecologia, che si basa sulla nozione di "ecologia globale" e sottolinea l'importanza di una visione integrata dei diversi aspetti della questione ecologica: ambiente, sviluppo ed ecologia umana. Inoltre affronta la questione dell'ambiente sociale, economico, politico e geostrategico che condiziona il lavoro e il suo orientamento allo sviluppo integrale. Il paradigma tecnocratico che mette in pericolo la "casa comune". Abbiamo bisogno di nuove direzioni e azioni educative che liberano dall'autodistruzione.

Già papa Giovanni XXIII nella *Pacem in Terris* del 1964 condannava le minacce atomiche e Paolo VI nel 1971 considerava il pericolo ecologico come una crisi che è una conseguenza drammatica dell'attività incontrollata dell'essere umano che rischia di autodistruggersi (EG 21). Al CFAO[41] non ha mancato di sottolineare le possibili gravi conseguenze della civilizzazione industriale, vettore di un vero e proprio disastro ecologico perché il progresso scientifico più straordinario, la prodezza tecnica più sbalorditiva, la crescita economica più prodigiosa, se non sono accompagnati da un autentico progresso sociale e morale, alla fine si rivoltano contro l'uomo.

Giovanni Paolo II nel suo pontificato ha affrontato questo tema con un interesse sempre crescente. Nella sua prima Enciclica denuncia l'uso della terra solo per il consumo immediato (RH 15). Successivamente, ha chiesto una conversione ecologica globale (UG

[41] FAO: Food and Agriculture Organisation. Si tratta discorso di Papa Paolo VI all'incontro internazionale di questa istituzione dell'ONU

4). Ma allo stesso tempo ha sottolineato che troppo poco è impegnato a salvaguardare le condizioni morali di un'autentica 'ecologia umana (CA 38) e auspica profondi cambiamenti negli stili di vita, nei modelli di produzione e consumo, nelle strutture di potere consolidate che governano le società odierne (CA 58).

Benedetto XVI, dal canto suo, sottolinea l'urgenza di eliminare le cause strutturali delle disfunzioni dell'economia mondiale e di correggere i modelli di crescita che sembrano incapaci di garantire il rispetto dell'ambiente (SS 73). Rileva quindi il pericolo di voler analizzare il mondo isolando uno dei suoi aspetti, poiché "il libro della natura è unico e indivisibile" e comprende, tra gli altri, l'ambiente, la vita, la sessualità, la famiglia e le relazioni sociali. Pertanto, "il degrado ambientale è strettamente correlato alla cultura che plasma la comunità umana" (CV:51). E dice che lo spreco delle risorse del Creato inizia dove non riconosciamo più alcuna autorità sopra di noi, ma vediamo solo noi stessi.

È quindi necessario promuovere un'ecologia integrale che orienti verso l'essenza dell'essere umano e susciti apertura allo stupore e alla meraviglia, alla sobrietà, alla sollecitudine per la protezione, al linguaggio della bellezza e fratellanza. Il lavoro umano deve portare a uno sviluppo sostenibile e integrale, a una conversione che ci unisce. Papa Francesco cita i vescovi del Sud Africa: «i talenti e il coinvolgimento di tutti sono necessari per riparare il danno causato dagli umani sulla creazione di Dio» (LS 2015:14 ). Il cambiamento diventa pericoloso quando contribuisce a deteriorare il mondo e la qualità della vita accelerando i ritmi di vita e di lavoro, che alcuni chiamano "rapidación" (LS 18). Pertanto gli inquinanti atmosferici hanno effetti negativi sulla salute provocando malattie, migliaia di morti premature, dovute all'inalazione di alti livelli di fumi da combustione, inquinamento dovuto ai mezzi di trasporto, ai fumi industriali, "alle discariche di sostanze che contribuiscono all'acidificazione del suolo e dell'acqua, da fertilizzanti, insetticidi, fungicidi, diserbanti e pesticidi tossici in generale" (LS 20). Non tutti i rifiuti sono biodegradabili, come i rifiuti domestici e commerciali, rifiuti da demolizione, rifiuti clinici, elettronici e industriali, rifiuti altamente tossici e radioattivi. Si tratta di rifiuti che possono causare un effetto di bioaccumulo negli organismi delle popolazioni vicine, che si verifica anche quando il tasso di presenza di un elemento tossico in un luogo è basso. Molte volte si interviene solo quando si sono già verificati effetti irreversibili sulla salute umana. Di più, la cultura dello spreco colpisce sia le persone che le cose escluse, che si trasformano rapidamente in spazzatura. Il Papa cita l'esempio della carta, la maggior parte della quale viene sprecata e non viene riciclata.

*1.5.1 Il lavoro umano e i paradigmi degli ecosistemi naturali*

Il funzionamento degli ecosistemi naturali che dovrebbero ispirarci:

> le piante sintetizzano sostanze nutritive che alimentano gli erbivori; questi a loro volta alimentano i carnivori, che forniscono importanti quantità di rifiuti organici, i quali danno luogo a una nuova generazione di vegetali. Al contrario, il sistema industriale, alla fine del ciclo di produzione e di consumo, non ha sviluppato la capacità di assorbire e riutilizzare rifiuti e scorie. Non si è ancora riusciti ad adottare un modello circolare di produzione che assicuri risorse per tutti e per le generazioni future, e che richiede di limitare al massimo l'uso delle risorse non rinnovabili, moderare il consumo, massimizzare l'efficienza dello sfruttamento, riutilizzare e riciclare (LS 22).

Il riscaldamento del sistema climatico è accompagnato dal costante innalzamento del livello del mare con l'aumento di eventi meteorologici estremi. Ci sono, ovviamente, altri fattori come il vulcanismo, le variazioni nell'orbita e nell'asse terrestre, il ciclo solare. Ma la maggior parte del riscaldamento globale è dovuto all'alta concentrazione di gas serra come anidride carbonica, metano, ossido di azoto e altri emessi principalmente dall'attività umana. Concentrandosi nell'atmosfera, questi gas impediscono che il calore della luce solare riflessa dalla terra si disperda nello spazio. Ciò è rafforzato in particolare dal modello di sviluppo basato sull'uso intensivo di combustibili fossili, che costituisce il cuore del sistema energetico mondiale. Anche il cambiamento degli usi del suolo, principalmente la deforestazione per l'agricoltura, ha un impatto.

A sua volta, il riscaldamento ha effetti sul ciclo del carbonio. Si crea un circolo vizioso che aggrava ulteriormente la situazione compromettendo la disponibilità di risorse essenziali come l'acqua potabile e l'energia oltre alla produzione agricola nelle zone più calde, e provocando l'estinzione di parte della biodiversità del pianeta. Va notato che lo scioglimento del ghiaccio polare e del ghiaccio degli altipiani minaccia un rilascio ad alto rischio di metano. La decomposizione della materia organica congelata potrebbe aumentare ulteriormente il rilascio di anidride carbonica. Allo stesso modo, la scomparsa delle foreste tropicali peggiora la situazione, poiché contribuiscono a moderare il cambiamento climatico. L'inquinamento prodotto dall'anidride carbonica aumenta l'acidità degli oceani e compromette la catena alimentare marina. La vita è minacciata. Se l'attuale tendenza continua, questo secolo potrebbe assistere a cambiamenti climatici senza precedenti e distruzione senza precedenti degli ecosistemi, con conseguenze disastrose per tutti noi. L'innalzamento del livello del mare, ad esempio, può creare situazioni estremamente gravi se si tiene conto che un quarto della popolazione mondiale vive vicino o vicino al mare e che la maggior parte delle megalopoli si trovano nelle zone costiere (LS 23-24).

Inoltre, il cambiamento climatico è all'origine della migrazione di animali e piante che non possono sempre adattarsi. Le persone i cui mezzi di sussistenza dipendono in larga misura dalle riserve naturali e dai servizi ecosistemici, come l'agricoltura, la pesca e le risorse forestali, sono minacciate. Ciò a sua volta colpisce i mezzi di produzione dei più poveri che, costretti a emigrare, non hanno neanche accesso allo status di rifugiato e quindi rimangono senza protezione legale. C'è già un urgente bisogno di cambiare i modelli di produzione e consumo. È imperativo ridurre drasticamente le emissioni di anidride carbonica e altri gas altamente inquinanti, ad esempio sostituendo l'uso di combustibili fossili e aumentando le fonti di energia rinnovabile. Dovranno essere sviluppate adeguate tecnologie di accumulo (LS 25-26). A proposito dell'acqua, il Papa dice:

> l'accesso all'acqua potabile e sicura è un diritto umano essenziale, fondamentale e universale, perché determina la sopravvivenza delle persone, e per questo è condizione per l'esercizio degli altri diritti umani. Questo mondo ha un grave debito sociale verso i poveri che non hanno accesso all'acqua potabile, perché ciò significa negare ad essi il diritto alla vita radicato nella loro inalienabile dignità (LS 30).

È importante rilevare che l'umanità ha già raggiunto i limiti operativi massimi del pianeta. Sfortunatamente, l'acqua pulita rimane essenziale per la vita umana, gli ecosistemi terrestri e acquatici che riforniscono i settori sanitario, agricolo e della pesca, nonché l'industria. E in molti luoghi la domanda supera l'offerta sostenibile. La falda acquifera è minacciata maggiormente dall'inquinamento di alcune attività minerarie, agricole e industriali. Le discariche delle fabbriche, i detergenti e i prodotti chimici utilizzati dalla popolazione continuano a defluire nei fiumi, nei laghi e nei mari.

In Africa, più della metà della popolazione soffre ancora la mancanza di accesso ad acqua potabile sicura o soffre di siccità. La scarsa qualità dell'acqua a disposizione dei poveri causa ogni giorno molte malattie e morti. Le malattie legate all'acqua sono comuni tra i poveri, comprese le malattie causate da microrganismi e sostanze chimiche. La diarrea e il colera, che sono legati ai servizi igienici e alla fornitura di acqua non sicura, sono la causa della mortalità infantile. (LS 27-29). Allo stesso tempo l'acqua è privatizzata come merce soggetta alle leggi del mercato. L'acqua sprecata e gli erbicidi come facili mezzi di pesca in alcune località accelerano l'inquinamento dell'acqua. Anche il Papa al termine delle sue analisi prevede che il controllo dell'acqua da parte di grandi aziende globali diventerà una delle principali fonti di conflitti di questo secolo.

Quanto alla perdita di biodiversità, va notato che l'economia liberale e le attività commerciali e produttive basate sull'immediatezza procedono alla predazione sistematica delle risorse in quelle aree che il Papa chiama i "polmoni del pianeta". Si tratta di aree ricche di biodiversità come Amazzonia o il bacino del fiume Congo, o ancora le grandi falde acquifere, ghiacciai ed ecosistemi di foreste tropicali. La scomparsa delle foreste e di altra vegetazione implica allo stesso tempo la scomparsa di specie che potrebbero in futuro essere risorse estremamente importanti, non solo per l'alimentazione, ma anche per la cura di malattie e per molteplici servizi. Le varie specie contengono geni che possono essere risorse chiave per soddisfare determinati bisogni umani in futuro o per regolare determinati problemi ambientali. Per il corretto funzionamento degli ecosistemi sono inoltre necessari funghi, alghe, vermi, insetti, rettili e l'infinita varietà di microrganismi (LS 38). Molti uccelli e insetti che stanno scomparendo a causa degli agro-tossici creati dalla tecnologia al servizio della finanza e del consumismo, sono utili a questa stessa agricoltura e la loro scomparsa dovrà essere sostituita da un altro intervento tecnologico che probabilmente produrrà altri effetti nocivi (LS 34). La fauna e la flora di mari, oceani, fiumi, laghi e torrenti sono minacciate. Nei mari tropicali e subtropicali troviamo le barriere coralline, che sono equivalenti alle grandi foreste della terra, perché ospitano circa un milione di specie, tra cui pesci, granchi, molluschi, spugne, alghe e altri. Molte delle barriere coralline del mondo sono già sterili o in continuo declino.

*1.5.2 Lavoro: degrado sociale, dignità umana e proprietà*

Oggi la smisurata e disordinata crescita di molte città è diventata un vero e proprio caos urbano con problemi di trasporto, inquinamento visivo e acustico, inquinamento da cemento, asfalto, vetro e metalli. A ciò si aggiungono gli effetti di alcune innovazioni tecnologiche sul lavoro, esclusione sociale, disuguaglianza nella disponibilità e nel consumo di energia e altri servizi, frammentazione sociale, aumento della violenza e comparsa di nuove forme di aggressione sociale, traffico di droga e aumento del consumo di droga tra i giovani, perdita d'identità (LS 44). L'invasione sistemica dei mezzi di comunicazione sociale e del mondo digitale sta diventando sempre più pericolosa per la cultura interiore, il dialogo costruttivo, la riflessione, la saggezza del vivere in comunità, del pensare profondamente, dell'amare generosamente. Tutto questo è sacrificato a un puro accumulo d'inquinamento mentale. È necessario evocare l'inquinamento delle esportazioni di materie prime per soddisfare i mercati del Nord industrializzato Si tratta d'inquinamenti da mercurio nell'estrazione dell'oro o da anidride solforosa nell'estrazione del rame. Anche lo stoccaggio dei rifiuti gassosi accumulati nell'arco di due secoli interessa ora tutti i Paesi del mondo. Il riscaldamento provocato dall'enorme consumo di alcuni Paesi ricchi sta avendo un impatto sulle regioni più povere della terra, soprattutto in Africa, dove l'aumento della temperatura, combinato con la siccità, sta causando il caos a scapito dei raccolti. Inoltre, c'è l'esportazione nei Paesi in via di sviluppo di rifiuti solidi e liquidi tossici, oltre all'attività inquinante delle multinazionali in questi Paesi vittime.

> Constatiamo che spesso le imprese che operano così sono multinazionali, che fanno qui quello che non è loro permesso nei Paesi sviluppati o del cosiddetto primo mondo. Generalmente, quando cessano le loro attività e si ritirano, lasciano grandi danni umani e ambientali, come la disoccupazione, villaggi senza vita, esaurimento di alcune riserve naturali, deforestazione, impoverimento dell'agricoltura e dell'allevamento locale, crateri, colline devastate, fiumi inquinati e qualche opera sociale che non si può più sostenere (Vescovi della regione Patagonia-Comahue 2009: n. 2).

L'uomo è chiamato a gestire la creazione con responsabilità. Creato per amore, a immagine e somiglianza di Dio (cfr Gn 1:26), l'uomo è "qualcuno". Sa conoscere sé stesso, possedere se stesso, donarsi liberamente ed entrare in comunione con gli altri. Giovanni Paolo II ha ricordato che l'amore particolarissimo che il Creatore ha per ogni essere umano gli conferisce una dignità infinita. Come Geremia (Ger 1:5), siamo stati concepiti nel cuore di Dio, e quindi "ognuno di noi è il frutto di un pensiero di Dio. Ciascuno di noi è voluto, ciascuno è amato, ciascuno è necessario". La nostra dignità si esprime in tre rapporti fondamentali strettamente connessi: il rapporto con Dio, con il prossimo e con la terra. Queste relazioni sono state interrotte, non solo all'esterno, ma anche dentro di noi, dal peccato di voler prendere il posto di Dio, rifiutando di riconoscerci come creature limitate. Questo fatto ha anche stravolto la missione di "sottomettere" la terra (cf. Gn 1:28), di "coltivarla e custodirla" (Gn 2:15). Di conseguenza, il rapporto, originariamente armonico tra l'uomo e la natura, è diventato conflittuale (cfr Gn 3:17-19). L'armonia che San Francesco d'Assisi sperimentò con tutte le creature fu come una guarigione da questa rottura. San Bonaventura ha detto che attraverso la riconciliazione universale con tutte le creature, in un certo modo, Francesco è tornato allo stato di innocenza. La terra ci precede e ci è stata data, dove dobbiamo "coltivare e custodire" il giardino del mondo (cfr Gn 2:15). "Coltivare" significa arare, sgombrare o lavorare e "custodire" significa proteggere, salvaguardare, preservare, curare, vegliare. Ciò implica una relazione reciproca responsabile tra gli esseri umani e la natura. Ogni comunità può prendere dalla bontà della terra ciò che le è necessario per sopravvivere, ma ha anche il dovere di salvaguardarla e garantire la continuità della sua fertilità alle generazioni future. Solo a Jahwè appartiene la terra (Sal 24:1) e tutto ciò che contiene (Dt 10:14). Da quel momento in poi, qualsiasi rivendicazione di proprietà assoluta rimane inalterata: "La terra non sarà venduta con la perdita di tutti i diritti, perché la terra è mia, e voi siete solo forestieri e ospiti per me" (Lv 25:23).

Il principio di subordinazione della proprietà privata alla destinazione universale dei beni e il diritto universale al loro uso, è una regola d'oro del comportamento sociale, e Il primo principiodi tutto l'ordinamento etico-sociale (LS 93). Qualsiasi proprietà pesa sempre un'ipoteca sociale, in modo che la merce serva alla destinazione generale (MD 9). Per questo motivo, i vescovi della Nuova Zelanda si sono chiesti cosa significhi il comandamento "non uccidere" quando "un venti per cento della popolazione mondiale consuma risorse in misura tale da rubare alle nazioni povere e alle future generazioni ciò di cui hanno bisogno per sopravvivere" (LS 94-95).

### *1.5.3 Lavoro: creatività e potere tecnocratico di segmentazione*

L'umanità attuale è l'erede di due secoli di enormi cambiamenti come il motore a scoppio, la ferrovia, il telegrafo, l'elettricità, l'automobile, l'aereo, le industrie chimiche, la medicina moderna, la tecnologia dell'informazione e, più recentemente, la rivoluzione digitale, la robotica, le biotecnologie e le nanotecnologie. "La scienza e la tecnologia sono un meraviglioso prodotto della creatività umana, questo dono di Dio" (Hir:3)[42]. La modificazione della natura per fini utilitaristici è stata una caratteristica dell'umanità fin dai suoi inizi, e così la tecnica "esprime la tendenza dello spirito umano a superare gradualmente alcuni condizionamenti materiali" (CV:69). La tecnologia ha posto rimedio a innumerevoli disturbi come in medicina, ingegneria e comunicazioni, alternative per lo sviluppo sostenibile, energia nucleare, biotecnologia, informatica, conoscenza del nostro DNA. Purtroppo l'uomo moderno non ha ricevuto l'educazione necessaria per fare buon uso del suo potere. E il progresso tecnologico non è stato accompagnato dallo spirito di responsabilità. L'uomo sta abusando più che mai del suo potere a causa delle cosiddette necessità: utilità e sicurezza. Gli esseri umani si abbandonano alle forze cieche dell'inconscio, delle necessità immediate, dell'egoismo, della violenza. Così è nudo, esposto al proprio potere sempre crescente, senza avere gli elementi per controllarlo (LS 102-105).

Il paradigma omogeneo e unidimensionale tende ad estrarre dalla terra tutto ciò che è possibile senza tener conto della sostenibilità. Questo è il motivo per cui l'essere umano e

---

42 Hir: Hiroshima (25 febbraio 1981).

le cose hanno cessato di protendersi amichevolmente l'una verso l'altra per entrare in opposizione. Ciò suppone la menzogna dell'infinita disponibilità di materia prima sul pianeta, che porta a "spremerlo" fino ai limiti e anche oltre i limiti. È il falso presupposto che "ci sia una quantità illimitata di energia e risorse da utilizzare, che la loro rigenerazione sia possibile immediatamente e che gli effetti negativi delle manipolazioni dell'ordine naturale possano essere facilmente assorbiti. Pertanto, la tendenza a fare della metodologia e degli obiettivi della tecnoscienza un paradigma di comprensione che condiziona la vita delle persone e il funzionamento della società, è all'origine di molti rischi e pericoli. Gli oggetti prodotti dalla tecnica non sono neutri, perché creano un quadro che finisce per condizionare gli stili di vita e orientare le possibilità sociali in linea con gli interessi di determinati gruppi di potere. Alcune scelte che sembrano puramente strumentali sono, in realtà, scelte sul tipo di vita sociale che si vuole sviluppare. La tecnica cerca di racchiudere tutto nella sua logica ferrea, senza mirare all'utilità o al benessere, ma al dominio. Ed è per questo che "cerca di cogliere gli elementi della natura oltre a quelli dell'esistenza umana" (Pontificio Consiglio Giustizia e Pace 2004: n.462).

Il paradigma tecnocratico tende anche a esercitare la sua presa sull'economia e sulla politica. L'economia assume tutto lo sviluppo tecnologico sulla base del profitto, senza prestare attenzione alle possibili conseguenze negative per l'uomo. Le finanze stanno soffocando l'economia reale. Si crede ancora che l'economia e la tecnologia risolveranno tutti i problemi ambientali e che la fame e la miseria cesseranno attraverso la crescita del mercato massimizzando i profitti. Ma il mercato da solo non garantisce lo sviluppo umano integrale né l'inclusione sociale (LS 106-109). Va aggiunto che la specializzazione della tecnologia, effettuando la frammentazione della conoscenza, perde il senso di totalità e ciò rende difficile trovare percorsi adeguati per risolvere i problemi più complessi del mondo di oggi, soprattutto quelli dell'ambiente e della povertà. Non ha quindi senso ridurre la cultura ecologica a una serie di risposte urgenti e parziali ai problemi del degrado ambientale, dell'esaurimento delle riserve naturali e dell'inquinamento. Deve consistere in un pensiero, una politica, un programma educativo, uno stile di vita e una spiritualità che costituirebbero resistenza di fronte all'avanzata del paradigma tecnocratico (LS 110-111).

### *1.5.4 Dall'antropologia integrale all'innovazione biologica*

La liberazione dal paradigma tecnocratico avviene ad esempio attraverso sistemi di produzione meno inquinanti, sostenendo uno stile di vita che promuova la convivenza non consumista. Ciò si realizza anche quando la tecnica è orientata in via prioritaria a risolvere i problemi concreti degli altri, con la passione di aiutarli a vivere con più dignità e meno sofferenza. È reale quando l'intenzione creatrice del bello e la sua contemplazione riescono a superare il potere oggettivante in una sorta di salvezza che si realizza nel bello e nella persona che lo contempla. Pertanto, il modo corretto per interpretare il concetto di essere umano come il "signore" dell'universo è vederlo come un amministratore responsabile.

Quando non riconosciamo, nella realtà stessa, il valore di una persona povera, di un embrione umano, di una persona con disabilità, dice il Papa, difficilmente ascolteremo le grida della natura stessa. Tutto è connesso. Se l'essere umano si dichiara autonomo rispetto alla realtà e si pone come dominatore assoluto, crolla il fondamento stesso della sua esistenza, perché "invece di adempiere il suo ruolo di collaboratore di Dio nell'opera della creazione, l'uomo si sostituisce a Dio e finisce così per provocare la rivolta della natura. L'apertura a un "tu" capace di conoscere, amare e dialogare continua ad essere la grande nobiltà della persona umana. Ecco perché, per un corretto rapporto con il creato, non è necessario indebolire la dimensione sociale degli esseri umani né la loro dimensione trascendente, la loro apertura al "Tu" divino. Non si può infatti considerare un rapporto con l'ambiente isolato dal rapporto con le altre persone e con Dio (LS 119).

La cultura del relativismo porta a sfruttare il prossimo e a trattarlo come un puro oggetto, nel lavoro forzato, o come uno schiavo a causa di un debito, nello sfruttamento sessuale dei bambini, nell'abbandono degli anziani. Domina nella logica delle forze invisibili dell'economia di mercato regolamentata perché i loro impatti sono danni inevitabili. Si esprime anche attraverso la tratta di esseri umani, la criminalità organizzata, il traffico di droga, il commercio di diamanti insanguinati e le pelli di animali in via di estinzione, l'acquisto di organi dai poveri per venderli o usarli per la sperimentazione, rifiutando i bambini perché non rispondono ai desideri dei genitori

In ogni approccio a un'ecologia integrale che non escluda l'essere umano, è essenziale incorporare il valore del lavoro, sviluppato con grande saggezza da San Giovanni Paolo II nella sua Enciclica *Laborem Exercens*. Ricordiamoci che, secondo il racconto biblico della creazione, Dio ha posto l'essere umano nel giardino appena creato (Gn 2:15) non solo per preservare ciò che esiste (proteggere) ma anche per farlo funzionare ciò che porta frutto (aratura). Pertanto, operai e artigiani "assicurano una creazione eterna" (Sr 38:34). In realtà, l'intervento umano che mira allo sviluppo prudente del creato è la forma più adeguata per prendersene cura, perché implica vedersi come uno strumento di Dio per aiutare a rivelare le potenzialità che ha per lui: "Il Signore ha creato le piante medicinali, il saggio non le disprezza" (Sir 38:4).

Un rapporto adeguato con il mondo che ci circonda porta necessariamente a una corretta concezione del lavoro, così come la questione del significato e dello scopo dell'azione umana. Il lavoro qui si riferisce a qualsiasi attività che implichi una trasformazione di ciò che esiste, dall'elaborazione di uno studio sociale al progetto di sviluppo tecnologico. Presuppone una concezione di una relazione che gli esseri umani possono o devono stabilire con i loro simili La tradizione del monaco è passata dalla fuga del mondo nel deserto a una vita di preghiera, lettura e lavoro manuale grazie a San Benedetto da Norcia ("Ora et labora") che cerca maturazione e santificazione nella compenetrazione meditazione e lavoro (LS 126).

L'uomo è l'autore, il centro e l'obiettivo di tutta la vita economica e sociale. Senza tali convinzioni, il significato del lavoro è deturpato. L'uomo è capace di essere lui stesso l'agente responsabile del suo benessere materiale, del suo progresso morale e della sua realizzazione spirituale. Il lavoro deve essere il luogo per questo multiplo sviluppo personale della creatività, proiezione verso il futuro, sviluppo delle capacità, messa in pratica dei valori, comunicazione con gli altri, atteggiamento di adorazione. Al di là degli interessi delle aziende e di un'economia tecnocratica, utilitaristica e consumistica, l'obiettivo prioritario deve essere l'accesso al lavoro per tutti. Il lavoro è una necessità, parte del senso della vita, un percorso di maturazione, sviluppo umano e realizzazione personale. Pertanto, aiutare i poveri con i soldi dovrebbe sempre essere una soluzione temporanea di fronte alle emergenze. Il grande obiettivo dovrebbe sempre essere quello di consentire loro di avere una vita dignitosa attraverso il lavoro. Ma la riduzione dei posti di lavoro grazie alla macchina provoca la progressiva erosione del "capitale sociale", cioè di questo insieme di rapporti di fiducia, affidabilità, rispetto delle regole indispensabili ad ogni civile convivenza. In definitiva, "i costi umani sono sempre anche costi economici e le disfunzioni economiche comportano sempre costi umani" (CV 32). Per promuovere l'occupazione per tutti, è imperativo promuovere un'economia che favorisca la diversità produttiva e la creatività imprenditoriale.

> Per esempio, vi è una grande varietà di sistemi alimentari agricoli e di piccola scala che continua a nutrire la maggior parte della popolazione mondiale, utilizzando una porzione ridotta del territorio e dell'acqua e producendo meno rifiuti, sia in piccoli appezzamenti agricoli e orti, sia nella caccia e nella raccolta di prodotti boschivi, sia nella pesca artigianale. Le economie di scala, specialmente nel settore agricolo, finiscono per costringere i piccoli agricoltori a vendere le loro terre o ad abbandonare le loro coltivazioni tradizionali. I tentativi di alcuni di essi di sviluppare altre forme di produzione, più diversificate, risultano inutili a causa della difficoltà di accedere ai mercati regionali e globali o perché l'infrastruttura di vendita e di trasporto è al servizio delle grandi imprese (LS 129).

Lo Stato deve adottare misure di sostegno chiare e ferme per i piccoli produttori e la varietà della produzione. Può porre limiti a chi ha più mezzi e potere finanziario. L'attività imprenditoriale, nobile vocazione orientata alla produzione di ricchezza e al miglioramento del mondo per tutti, può essere un mezzo molto fruttuoso per promuovere il territorio in cui si propongono i propri progetti; soprattutto se comprendiamo che la creazione di posti di lavoro è una parte essenziale del suo servizio al bene comune (LS 125-129).

Quanto agli esperimenti sugli animali sono legittimi solo "se rimangono entro limiti ragionevoli e aiutano a curare o salvare vite umane. Perché è contrario alla dignità umana far soffrire inutilmente gli animali e sprecare le loro vite. Qualsiasi uso o sperimentazione richiede rispetto religioso per l'integrità del creato" (LS 130). Papa Francesco, facendo eco alle parole del suo predecessore, Papa Giovanni Paolo, riconosce che il progresso scientifico e tecnologico mostra la nobiltà della vocazione dell'uomo a partecipare responsabilmente all'azione creatrice di Dio nel mondo. Ma nessun intervento in un'area dell'ecosistema può fare a meno di considerare le sue conseguenze in altre aree. Si riferiva quindi allo studio e alle applicazioni della biologia molecolare, integrate da altre discipline, come la genetica e la sua applicazione tecnologica nell'agricoltura e nell'industria, anche se afferma anche che ciò non deve dar luogo a manipolazione genetica indiscriminata. È certamente vero che non è possibile frenare la creatività umana soprattutto in coloro che hanno doni speciali da Dio per il servizio degli altri. Ma devono tenere maggiormente conto degli obiettivi, degli effetti, del contesto e dei limiti etici. Infatti, l'intervento umano su piante e animali comporta mutazioni genetiche generate dalla biotecnologia, al fine di sfruttare le possibilità presenti nella realtà materiale (LS 131).

### *1.5.5 Lavoro e conversione ecologica*

L'ecologia studia le relazioni tra gli organismi viventi e l'ambiente in cui prosperano. L'ambiente si riferisce alla relazione che esiste tra la natura e la società che la abita. Siamo inclusi nella natura, ne facciamo parte e ne siamo invischiati. Le ragioni per cui un luogo è inquinato richiedono un'analisi del funzionamento della società, della sua economia, dei suoi comportamenti, dei suoi modi di intendere la realtà. Dobbiamo cercare soluzioni complete che tengano conto delle interazioni dei sistemi naturali tra loro e con i sistemi sociali. Non ci sono due crisi separate, una ambientale e l'altra sociale, ma un'unica e complessa crisi socio-ambientale. Gli ecosistemi sono coinvolti nella cattura dell'anidride carbonica, nella purificazione dell'acqua, nel controllo di malattie ed epidemie, nella formazione del suolo, nella decomposizione dei rifiuti e in molti altri servizi di cui dimentichiamo. o ignorare. È giusto parlare di "uso sostenibile", ma dovrebbe sempre essere incluso nella capacità rigenerativa di ogni ecosistema nei suoi vari domini e aspetti. (LS 138-140).

D'ora in poi è necessaria un'ecologia economica che consideri la protezione dell'ambiente come parte integrante del processo di sviluppo. L'analisi dei problemi ambientali è inseparabile dall'analisi dei contesti umani, familiari, lavorativi, urbani e del rapporto di ogni persona con se stesso che genera un determinato modo di relazionarsi con gli altri e con la vita. Esiste un'interazione tra gli ecosistemi e tra i vari mondi di riferimento sociale, e così, ancora una volta, si scopre che "il tutto è maggiore della parte" (LS 237). Qualsiasi danno alla solidarietà e all'amicizia civica provoca danni all'ambiente. L'ecologia sociale deve raggiungere progressivamente le varie dimensioni che vanno dal gruppo sociale primario, la famiglia, attraverso la comunità locale e la Nazione, alla vita internazionale. Tutto ciò che danneggia le istituzioni ha effetti dannosi, come perdita di libertà, ingiustizia e violenza. Così, ad esempio, il consumo di stupefacenti nelle società benestanti provoca una domanda costante o crescente di questi prodotti da regioni impoverite, dove i comportamenti sono corrotti, le vite vengono distrutte e dove l'ambiente finisce per degradarsi (LS 142).

La crisi ecologica è un richiamo a una profonda conversione interiore che faccia emergere tutte le conseguenze dell'incontro con Gesù Cristo sui rapporti con il mondo circostante. La nostra nobile vocazione ad essere protettori dell'opera di Dio, manifestazione di un'esistenza virtuosa; questo non è un aspetto opzionale o secondario nell'esperienza cristiana. Come con San Francesco d'Assisi, questa conversione implica anche il riconoscimento dei propri errori, peccati, vizi o negligenze, e pentirsi con tutto il cuore, per cambiare interiormente. Per la Conferenza dei Vescovi Cattolici dell'Australia, si tratta di riconciliazione con la creazione, di conversione del cuore. La conversione ecologica necessaria per creare un dinamismo di cambiamento duraturo è anche una conversione di comunità (LS 217-219).

Questa conversione ecologica implica soprattutto gratitudine e gratuità, la consapevolezza amorevole di non essere disconnessi da altre creature, di formare con gli altri esseri dell'universo una bella comunione universale. Conduce allo sviluppo della creatività e dell'entusiasmo, per affrontare le tragedie del mondo offrendo se stessi a Dio "come sacrificio vivo, santo e piacevole" (Rm 12:1). Si basa anche sul fatto che ogni creatura riflette qualcosa di Dio e ha un messaggio da insegnarci; o ancora la certezza che Cristo ha assunto questo mondo materiale dentro di sé e che ora, risorto, abita nel profondo di ogni essere, circondandolo con il suo affetto come se lo penetrasse con la sua luce; e anche la convinzione che Dio ha creato il mondo iscrivendovi un ordine e un dinamismo che gli esseri umani non hanno il diritto di ignorare. A proposito di uccelli, Gesù ha detto: "nessuno di loro è dimenticato agli occhi di Dio" (Lc 12:6).

### *1.5.6 Lavoro: esperienza eucaristica e trinitaria*

Nel realizzare la pienezza, l'Eucaristia è il centro vitale dell'universo, la casa traboccante di amore e di vita inesauribili. Unito al Figlio incarnato, presente nell'Eucaristia, tutto il cosmo rende grazie a Dio. È un atto di amore cosmico:

> Sì, cosmico! Perché anche quando viene celebrata sul piccolo altare di una chiesa di campagna, l'Eucaristia è sempre celebrata, in certo senso, sull'altare del mondo (EdE 2003:8). L'Eucaristia unisce il cielo e la terra, abbraccia e penetra tutto il creato. Il mondo, che è uscito dalle mani di Dio, ritorna a Lui in gioiosa e piena adorazione: nel Pane eucaristico "la creazione è protesa verso la divinizzazione, verso le sante nozze, verso l'unificazione con il Creatore stesso" (Benedetto XVI 2006). Perciò l'Eucaristia è anche fonte di luce e di motivazione per le nostre preoccupazioni per l'ambiente, e ci orienta ad essere custodi di tutto il creato. (LS 236).

Quanto alla Trinità e al rapporto tra le creature, comprendiamo che il Padre è la fonte ultima di tutto, il fondamento amoroso e comunicativo di tutto ciò che esiste. Il Figlio, che lo riflette e dal quale tutto è stato creato, si è unito a questa terra quando si è formato nel seno di Maria. Lo Spirito, vincolo d'amore infinito, è intimamente presente nel cuore dell'universo, animandolo e creando nuovi sentieri. Il mondo è stato creato dalle tre Persone come un unico principio divino, ma ognuna di loro svolge questo lavoro comune secondo le sue proprietà personali. Per questo "quando [...] contempliamo con ammirazione l'universo nella sua grandezza e bellezza, dobbiamo lodare tutta la Trinità" (Giovanni Paolo II, 2 agosto 2000: 4).

Citando san Bonaventura, Francesco afferma che prima del peccato, ogni creatura "attesta che Dio è uno e trino". Il riflesso della Trinità si poteva riconoscere nella natura "quando questo libro non era oscuro all'uomo e lo sguardo dell'uomo non era stato turbato". Questa affermazione insegna che ogni creatura porta in sé una struttura veramente trinitaria, così reale che potrebbe essere contemplata spontaneamente se lo sguardo dell'essere umano non fosse limitato, oscuro e fragile. Ci indica così la sfida di cercare di leggere la realtà in chiave trinitaria (LS 239). Quindi le Persone divine sono relazioni sussistenti e il mondo, creato secondo il modello divino, è una rete di relazioni. Le creature tendono verso Dio, ed è peculiarità di ogni essere vivente tendere verso qualcos'altro, in modo tale che all'interno dell'universo possiamo trovare innumerevoli relazioni costanti che si intrecciano segretamente (Thomas D'Aquin, Summa Theologiae I, q.11, art.3; q.21, art.1, ad3; q.47, art.3).

> Questo non solo ci invita ad ammirare i molteplici legami che esistono tra le creature, ma ci porta anche a scoprire una chiave della nostra propria realizzazione. Infatti la persona umana tanto più cresce, matura e si santifica quanto più entra in relazione, quando esce da sé stessa per vivere in comunione con Dio, con gli altri e con tutte le creature. Così assume nella propria esistenza quel dinamismo trinitario che Dio ha impresso in lei fin dalla sua creazione. Tutto è collegato, e questo ci invita a maturare una spiritualità della solidarietà globale che sgorga dal mistero della Trinità (LS 240).

La prospettiva tridimensionale della creazione costringe l'uomo a salvaguardare i suoi rapporti con Dio, con la natura e con gli altri. Si tratta lì del cammino reale della gestione responsabile della nostra casa comune, la terra. L'enciclica *Fratelli Tutti* e la lettera apostolica *Patris Corde* di papa Francesco apporteranno più di luce alla comprensione della dignità attraverso il lavoro e l'occupazione.

### *1.6 Da "Fratelli tutti" a "Patris Corde": la dignità dell'uomo e del lavoro alla prova della globalizzazione e del Covid-19*

Di particolare interesse per la nostra riflessione sono la lettera enciclica *Fratelli tutti* e la lettera apostolica *Patris Corde* entrambe emanate nel 2020. La prima prosegue in un'ottica di fraternità buona parte del contenuto della *Laudato Si'*. La persona umana chiamata a trasformare la terra e a mantenerla vive l'esperienza dolorosa della pandemia covid19, la disgregazione dei rapporti sociali, le discriminazioni razziali e politiche, le derive dell'utilitarismo e l'accelerazione dell'economia liberale come miraggi di una comunicazione di superficialità. È anche vittima della perdita di valore e della rinuncia alla memoria storica. La vera speranza è fondata sulla carità, frutto delle fatiche di tutti. La Lettera Apostolica *Patris Corde*, promulgata l'8 dicembre 2020, in occasione del 150° anniversario della dichiarazione di San Giuseppe patrono della Chiesa universale, dà speranza a un mondo privato della dignità del lavoro e dei diritti dei lavoratori, famiglia e valori sociali.

#### *1.6.1 La sofferenza di un mondo disincantato*

Adottando il principio di "apertura al mondo", economia e finanza trovano da soli la felice opportunità di investire, senza ricorrere ai conflitti locali da loro stessi alimentati nella pretesa di omologare le persone in un unico modello culturale. Attualmente l'economia mondiale amplia il mercato dei consumatori dissolvendo le identità delle regioni più fragili e più povere e rendendole quindi più vulnerabili e dipendenti. Questo clima di relazione accelera la fine della coscienza storica attraverso il "decostruzionismo" che, pretendendo di costruire tutto da zero, lascia solo il bisogno di consumare senza limiti e l'esacerbazione di molte forme di individualismo prive di contenuto. Il Papa lo ricorda in un suo consiglio ai giovani:

> Se una persona vi fa una proposta e vi dice di ignorare la storia, di non fare tesoro dell'esperienza degli anziani, di disprezzare tutto ciò che è passato e guardare solo al futuro che lui vi offre, non è forse questo un modo facile di attirarvi con la sua proposta per farvi fare solo quello che lui vi dice? Quella persona ha bisogno che siate vuoti, sradicati, diffidenti di tutto, perché possiate fidarvi solo delle sue promesse e sottomettervi ai suoi piani. È così che funzionano le ideologie di diversi colori, che distruggono (o de-costruiscono) tutto ciò che è diverso e in questo modo possono dominare senza opposizioni. A tale scopo hanno bisogno di giovani che disprezzino la storia, che rifiutino la ricchezza spirituale e umana che è stata tramandata attraverso le generazioni, che ignorino tutto ciò che li ha preceduti (FT 2020:13).

L'alienazione storica e culturale disattiva le energie che conducono l'uomo all'azione e all'impegno per la legge, la libertà, la pace e il progresso. I suoi effetti rendono prive di significato parole come democrazia, giustizia e unità. Il Papa continua la sua riflessione in questi termini:

> Sono le nuove forme di colonizzazione culturale. Non dimentichiamo che «i popoli che alienano la propria tradizione e, per mania imitativa, violenza impositiva, imperdonabile negligenza o apatia, tollerano che si strappi loro l'anima, perdono insieme con la fisionomia spirituale, anche la consistenza morale e, alla fine, l'indipendenza ideologica, economica e politica». Un modo efficace di dissolvere la coscienza storica, il pensiero critico, l'impegno per la giustizia e i percorsi di integrazione è quello di svuotare di senso o alterare le grandi parole. Che cosa significano oggi alcune espressioni come democrazia, libertà, giustizia, unità? Sono state manipolate e deformate per utilizzarle come strumenti di dominio, come titoli vuoti di contenuto che possono servire per giustificare qualsiasi azione (FT 14).

La pandemia da Covid-19 ha messo in luce i miraggi del progresso dell'economia liberale e le illusioni del successo tecnico e sociale. Gli anziani, assimilati ai rifiuti umani (Osservatore Romano 14 gennaio 2016:9) sono stati crudelmente emarginati e consegnati alla morte. Il Papa paragona la pandemia a una tempesta che

> smaschera la nostra vulnerabilità e lascia scoperte quelle false e superflue sicurezze con cui abbiamo costruito le nostre agende, i nostri progetti, le nostre abitudini e priorità. [...] Con la tempesta, è caduto il trucco di quegli stereotipi con cui mascheravamo i nostri "ego" sempre preoccupati della propria immagine; ed è rimasta scoperta, ancora una volta, quella (benedetta) appartenenza comune alla quale non possiamo sottrarci: l'appartenenza come fratelli (FT 32).

Persistono molte forme d'ingiustizia, alimentate da visioni antropologiche riduttive e da un modello economico orientato al profitto che non esita a sfruttare, escludere e persino uccidere l'uomo: i lavoratori sono lasciati alle prese con la disoccupazione riducendo i "costi umani"; le donne sono vittime di esclusione, abuso e violenza; milioni di bambini, uomini e donne di tutte le età sono privati della loro libertà e costretti a condizioni simili alla schiavitù con la forza, l'inganno o la coercizione fisica o psicologica. Sono privati della loro libertà, commercializzati, ridotti ad essere di proprietà di qualcuno. Alcuni sono rapiti per traffico di organi. Alcune paure ancestrali resistono allo sviluppo tecnologico e continuano a essere il territorio dei barbari 'che suscitano autoconservazione e rifiuto dell'apertura all'alterità e dell'assertività nei confronti degli altri. I gruppi mafiosi con un falso misticismo comunitario creano legami di dipendenza e subordinazione (FT18-28).

Uomini e donne sono affascinati dai miraggi della cultura occidentale, a volte nutrendo aspettative irrealistiche. "I trafficanti senza scrupoli, spesso legati ai cartelli della droga e delle armi, sfruttano la debolezza dei migranti che, lungo il loro viaggio, troppo spesso incontrano violenza, tratta di esseri umani, abusi psicologici e persino sofferenza fisica e indicibile" (CV 92). Gli emigranti sono vittime del disorientamento, dello sradicamento culturale e religioso. Le comunità locali, che perdono i loro elementi più vigorosi e imprenditoriali, e le famiglie, soprattutto quando uno dei genitori migra, o entrambi, lasciando i figli nel paese di origine. Inoltre, la pressione del fascino che il modello culturale consumistico esercita sui Paesi meno sviluppati impedisce loro di sviluppare la loro capacità di innovare partendo dai valori della propria cultura. Copiando e acquistando invece di creare, perdono il loro orgoglio nazionale. Questo mimetismo porta al disprezzo per la loro identità culturale come se questa fosse l'unica causa dei mali. È a questo ritmo che cadono sotto il dominio di un mondo unificato trasmesso dai media e dalle reti, al servizio dei più potenti. È la strategia di un'economia del profitto, della speculazione finanziaria e dello sfruttamento dove i poveri sono quelli che perdono sempre. L'ignoranza della cultura del popolo impedisce a molti leader politici di realizzare un progetto efficace che può essere liberamente assunto e sostenuto nel tempo. Le radici culturali rimangono molto importanti. Il Papa scrive:

> non c'è peggior alienazione che sperimentare di non avere radici, di non appartenere a nessuno. Una terra sarà feconda, un popolo darà frutti e sarà in grado di generare futuro solo nella misura in cui dà vita a relazioni di appartenenza tra i suoi membri, nella misura in cui crea legami di integrazione tra le generazioni e le diverse comunità che lo compongono; e anche nella misura in cui rompe le spirali che annebbiano i sensi, allontanandoci sempre gli uni dagli altri (FT 51-53).

### *1.6.2 Speranza: un cuore che rimodella il mondo*

Il Covid-19 è stato una felice occasione per testimonianze coraggiose. Uomini e donne, compagni di viaggio, hanno reagito offrendo la propria vita. È importante citare medici, infermieri, farmacisti, operai di supermercati, manutentori, assistenti, trasportatori, uomini e donne che lavorano per fornire servizi essenziali e di sicurezza, volontari, sacerdoti, persone consacrate (FT 54).

È urgente sviluppare un'educazione che promuova abitudini di solidarietà, capacità di pensare alla vita umana in modo più integrale e profondità spirituale per migliorare la qualità delle relazioni umane. Da quel momento in poi, la società stessa sarà in grado di reagire alle sue disuguaglianze, alle sue deviazioni, all'abuso di poteri economici, tecnologici, politici o mediatici. Il mercato da solo non risolve tutto. Il neoliberismo riproduce solo se stesso, ricorrendo a nozioni magiche di "gocciolamento" o "ricaduta" come unico mezzo per risolvere i problemi sociali. Il cosiddetto deflusso, infatti, non riduce le disuguaglianze, ma diventa fonte di nuove forme di violenza. È necessaria una politica economica attiva volta a "promuovere un'economia che favorisca la diversità produttiva e la creatività imprenditoriale" (LS 129), in modo che sia possibile aumentare i posti di lavoro invece di ridurli. "Senza forme interne di solidarietà e fiducia reciproca, il mercato non può svolgere appieno la sua funzione economica. Oggi è questa fiducia che manca"(CV:35).

Alcune visioni economiche ristrette e monocromatiche non consentono movimenti popolari che riuniscano disoccupati, lavoratori precari e informali così come molte altre persone che non si inseriscono facilmente in griglie prestabilite. Hanno bisogno di portare la loro partecipazione sociale, politica ed economica come "seminatori di cambiamento, promotori di un processo in cui convergono milioni di piccole e grandi azioni legate creativamente, come in una poesia" (Osservatore Romano 17 novembre 2016:8). Il Papa li chiama "poeti sociali": Lavorano, propongono, promuovono la libertà a modo loro. Grazie a loro sarà possibile uno sviluppo umano integrale, il che implica:

> Quell'idea delle politiche sociali concepite come una politica *verso* i poveri, ma mai *con* i poveri, mai *dei* poveri e tanto meno inserita in un progetto che riunisca i popoli. Benché diano fastidio, benché alcuni "pensatori" non sappiano come classificarli, bisogna avere il coraggio di riconoscere che senza di loro «la democrazia si atrofizza, diventa un nominalismo, una formalità, perde rappresentatività, va disincarnandosi perché lascia fuori il popolo nella sua lotta quotidiana per la dignità, nella costruzione del suo destino (FT 169).

### *1.6.3 Lotte legittime e perdono*

Il Papa distingue tra perdono e giustizia. Perdonare non significa rinunciare ai propri diritti di fronte a una persona potente e corrotta, di fronte a un criminale o di fronte a qualcuno che degrada la nostra dignità.

> Amare un oppressore non significa consentire che continui ad essere tale; e neppure fargli pensare che ciò che fa è accettabile. Al contrario, il modo buono di amarlo è cercare in vari

modi di farlo smettere di opprimere, è togliergli quel potere che non sa usare e che lo deforma come essere umano. Perdonare non vuol dire permettere che continuino a calpestare la dignità propria e altrui, o lasciare che un criminale continui a delinquere. Chi patisce ingiustizia deve difendere con forza i diritti suoi e della sua famiglia, proprio perché deve custodire la dignità che gli è stata data, una dignità che Dio ama. Se un delinquente ha fatto del male a me o a uno dei miei cari, nulla mi vieta di esigere giustizia e di adoperarmi affinché quella persona – o qualunque altra – non mi danneggi di nuovo né faccia lo stesso contro altri. Mi spetta farlo, e il perdono non solo non annulla questa necessità bensì la richiede (FT 241).

La cosa principale è non alimentare una rabbia che danneggia le nostre anime e le anime del nostro popolo che porta all'odio e alla vendetta. Il male deve essere vinto con il bene (Rm 12:21). Il perdono non è sinonimo di dimenticare. A tal fine il Papa dichiara:

Da chi ha sofferto molto in modo ingiusto e crudele, non si deve esigere una specie di "perdono sociale". La riconciliazione è un fatto personale, e nessuno può imporla all'insieme di una società, anche quando abbia il compito di promuoverla. Nell'ambito strettamente personale, con una decisione libera e generosa, qualcuno può rinunciare ad esigere un castigo (cfr *Mt* 5,44-46), benché la società e la sua giustizia legittimamente tendano ad esso. Tuttavia non è possibile decretare una "riconciliazione generale", pretendendo di chiudere le ferite per decreto o di coprire le ingiustizie con un manto di oblio. Chi può arrogarsi il diritto di perdonare in nome degli altri? È commovente vedere la capacità di perdono di alcune persone che hanno saputo andare al di là del danno patito, ma è pure umano comprendere coloro che non possono farlo. In ogni caso, quello che mai si deve proporre è il dimenticare (FT246).

### *1.6.4 Patris Corde: San Giuseppe Padre lavoratore*

Dai tempi della prima Enciclica sociale, la *Rerum Novarum* di Leone XIII, San Giuseppe carpentiere è stato riconosciuto come colui che aveva lavorato onestamente per guarantire il sostentamento della sua famiglia. Da lui Gesù ha imparato i valori, la dignità e la gioia di ciò che significa mangiare il pane frutto del proprio lavoro. In questo nostro tempo, nel quale il lavoro sembra essere tornato a rappresentare una questione sociale urgente e la disoccupazione raggiunge talora livelli impressionanti, anche in quelle nazioni dove per decenni si dove per decade si è vissuto un certo benessere, con rinnovata consapevolezza è necessario capire significato del lavoro che dà dignità e di cui il nostro Santo è esemplare patrono. Con San Giuseppe, il lavoro diventa:

partecipazione all'opera stessa della salvezza, occasione per affrettare l'avvento del Regno, sviluppare le proprie potenzialità e qualità, mettendole al servizio della società e della comunione; il lavoro diventa occasione di realizzazione non solo per sé stessi, ma soprattutto per quel nucleo originario della società che è la famiglia. Una famiglia dove mancasse il lavoro è maggiormente esposta a difficoltà, tensioni, fratture e perfino alla tentazione disperata e disperante del dissolvimento. Come potremmo parlare della dignità umana senza impegnarci perché tutti e ciascuno abbiano la possibilità di un degno sostentamento? (PC 6).

Il lavoro di San Giuseppe ci ricorda che Dio stesso fatto uomo non ha disdegnato di lavorare. Anche l'uomo lavorando collabora con Dio stesso e diventa un po' creatore del mondo che ci circonda. La crisi economica, sociale, culturale e spirituale qui convocata a riscoprire, l'importanza e la necessità del lavoro per osare originano una nuova "normalità" in cui nessuno sia escluso. La pandemia Covid19 ha fatto crescere il tasso di disoccupazione a talora livelli impressionanti, che diventa necessario, comprendere il significato del lavoro che dà dignità e di cui San Giuseppe è esemplare patrono. "Imploriamo San Giuseppe lavoratore perché possiamo trovare strade che ci impegnino a dire: nessun giovane, nessuna persona, nessuna famiglia senza lavoro" (PC 6).

Questo viaggio nelle Encicliche sociali, dalla *Rerum Novarum* alla *Fratelli Tutti*, fino ad arrivare alla Lettera Apostolica *Patris Corde*, ci rivela che il problema del lavoro e dell'occupazione rimane al centro di tutte le preoccupazioni della Chiesa: ne fa la chiave per comprendere la dignità umana e le sue implicazioni esistenziali. Poiché l'uomo è il cammino della Chiesa, si sforza di illuminare l'azione umana attraverso i suoi insegnamenti. S'impegna quindi a camminare in solidarietà con l'umanità sulle vie della ricerca della felicità ostaggio dei grandi mutamenti economici, politici, sociali, ecologici e geostrategici successivi. Il vero lavoro che dà origine allo sviluppo integrale dell'uomo è quello che è risorsa nelle origini relazionali dell'amore con Dio, la società e la natura e che tiene conto dei principi intrinseci e delle energie intrinseche sepolte in ogni essere e tra tutti. gli esseri. Questa visione dell'attività umana richiede prospettive chiare e precise della formazione per l'impiego nelle scuole e nelle università.

## 2. Prospettiva cattolica dell'educazione al lavoro

L'educazione cattolica tiene conto del quadro epistemologico, metodologico, culturale e logico generale del sistema educativo internazionale, illuminandolo con lo spirito del Vangelo. Educare, istruire, formare e informare sono parti integranti della missione profetica della Chiesa. Si arricchisce di tutti i contributi delle scienze umane, del sapere scientifico, tecnico e tecnologico per sviluppare la propria visione del sapere e della solidità del contenuto didattico per trasmetterlo La sua pedagogia è quella del cammino che mette al centro la persona umana come relazione e progetto integrale.

### *2.1 Centralità della persona umana nel sistema educativo*

Alla luce della Bibbia, della Tradizione e del Magistero, la Chiesa s'ispira dalla pedagogia della creazione e alla luce di Cristo Verità e Vita, per sviluppare il suo spirito educativo. La persona umana, soggetto e scopo dell'insegnamento è chiamata a collaborare con lo Spirito Santo per acquisire e costruire la conoscenza. Il docente e il discente sono coinvolti in una dinamica relazionale di scambi armoniosi e di costruzione reciproca che li conducono al vero sapere e contribuisce al proprio sviluppo e al progresso dell'intera comunità scientifica. La Chiesa resta così unita all'umanità nella conquista del vero sviluppo che promuove valori autentici e favorisce la realizzazione di ogni uomo e dell'intero uomo. L'educazione al lavoro diventa un cammino per la vita della persona umana, è quindi importante affrontarne le motivazioni antropologiche.

### *2.1.1 Motivazioni antropologiche: apertura agli altri*

L'essere umano, come persona, è un'unità di anima e corpo che si realizza dinamicamente attraverso l'apertura all'altro. Essere-con ed essere-per gli altri, che si realizza nell'amore, è costitutivo della persona umana. È proprio l'amore che spinge la persona a sviluppare progressivamente la rete delle sue relazioni oltre la sfera della vita privata e degli affetti familiari, fino ad aprirsi all'universale e ad abbracciare – almeno come desiderio – tutta l'umanità. E, in questo stesso impulso, c'è una forte richiesta di formazione: la necessità di imparare a leggere l'interdipendenza di un mondo sempre più assediato dagli stessi problemi globali, come forte segnale etico per l'uomo del nostro tempo, come una chiamata a uscire da questa visione dell'uomo che tende a concepire ciascuno come individuo isolato. Si tratta dell'esigenza di formare l'uomo come persona: un soggetto che, innamorato, costruisce la propria identità storica, culturale, spirituale, religiosa, mettendolo in dialogo con altre persone, in una dinamica di doni reciprocamente offerti e ricevuti. Nel contesto della globalizzazione è necessario formare soggetti capaci di rispettare l'identità, la cultura, la storia, la religione e soprattutto le sofferenze e le esigenze degli altri, nella consapevolezza che "tutti siamo veramente responsabili di tutti" (Congregazione per l'Educazione Cattolica 2007: n.44).

È importante che tutti coloro che si occupano di educazione collaborino all'educazione alla comunione per aprirsi agli altri. L'intero quadro educativo, infatti, deve diventare il luogo di una comunione aperta alla realtà esterna e non chiusa in se stessa.

> Educare in comunione ed alla comunione significa orientare gli studenti a crescere autenticamente come persone, "capaci di aprirsi progressivamente alla realtà e di formarsi una determinata concezione di vita", che li aiuti ad allargare il loro sguardo ed il loro cuore al mondo che li circonda, con capacità di lettura critica, senso di corresponsabilità e volontà d'impegno costruttivo. Due ordini di motivazioni, antropologiche e teologiche, fondano quest'apertura sul mondo (Congregazione per l'Educazione Cattolica 2007:43).

### *2.1.2. Unicità della persona umana per un apprendimento totale*

Insegnamento e apprendimento sono i due termini di una relazione non solo tra un oggetto di studio e un'intelligenza di apprendimento, ma anche tra le persone. Questo rapporto non può essere fondato su rapporti esclusivamente tecnici e professionali, deve essere alimentato da stima, fiducia, rispetto, cordialità reciproche. L'apprendimento che avviene in contesti in cui i soggetti percepiscono un senso di appartenenza è molto diverso dall'apprendimento che avviene in un quadro di individualismo, antagonismo o freddezza reciproca.

La scuola, e più ancora l'università, s'impegna a fornire agli studenti un'istruzione che consenta loro di entrare nel mondo del lavoro e della vita sociale con le giuste competenze. Attraverso l'insegnamento promuovono un apprendimento attento per sviluppare abilità di natura più generale e di livello superiore. L'apprendimento, infatti, è un'opportunità per l'autoeducazione, lo sforzo per l'auto-miglioramento, l'impegno per il bene comune, lo sviluppo della creatività, il desiderio di apprendimento continuo e l'apertura agli altri. Può anche essere un'opportunità per aprire il cuore e l'intelligenza al mistero e alle meraviglie del mondo e della natura, all'autocoscienza, alla responsabilità del creato, all'immensità del Creatore (Congregazione per l'Educazione Cattolica 2014: II, 4). In particolare, la scuola non sarebbe un ambiente di apprendimento completo se ciò che lo studente apprende non diventasse anche un'opportunità di servizio alla propria comunità. Per questo gli studenti devono avere l'opportunità di sperimentare le ricadute sociali di ciò che stanno studiando, favorendo così la scoperta del legame tra scuola e vita, e lo sviluppo di un senso di responsabilità e di cittadinanza attiva. Le scuole e le università incoraggiano i discenti a riconoscere, rispettare e valorizzare le diversità psicologiche, sociali, culturali, religiose, così come le situazioni di particolare fragilità cognitiva o quelle di autonomia fisica. Chi è più in difficoltà, più povero, più fragile, più bisognoso deve essere al centro dell'attenzione e della tenerezza della scuola (CEC 2014: II,1).

### *2.1.3 L'antropologia dell'educazione e le sfide della leadership verso il 2050*

Per la Chiesa, il cuore dell'educazione cattolica è sempre la persona di Gesù Cristo. E mentre gli studenti si preparano alla leadership degli anni 2050, è necessario definire un'antropologia chiara che fosse alla base dell'intero sistema educativo. Questa antropologia è quella filosofica della verità. È un'antropologia sociale, che concepisce l'uomo nelle sue relazioni e nel suo modo di esistere, un'antropologia della memoria e della promessa, un'antropologia che rimanda al cosmo e che prende a cuore lo sviluppo sostenibile. È un'antropologia che si riferisce a Dio. Questa visione dell'uomo e delle sue relazioni educa alla pace, allo sviluppo nella fraternità, alla fede e alla fede, nel creare le condizioni preliminari per accogliere il dono, per educare alla gratitudine, nella capacità di saper stupire la preghiera per sviluppare il desiderio di giustizia e coerenza (CEC 2014:III).

## *2.2 Il sistema educativo e l'occupazione*

La dignità dell'uomo creato a immagine e somiglianza di Dio trova altra conferma nella sua capacità di valorizzare la terra e salvarla attraverso il lavoro. È chiamato a promuovere il progresso attraverso la scoperta, l'ingegnosità, la creatività e l'innovazione per lo sviluppo scientifico e tecnico e l'organizzazione della circolazione di beni e servizi. In questo contesto, la formazione per l'occupazione richiede una considerazione globale della terra non solo come luogo di acquisizione di bisogni vitali, ma anche come luogo privilegiato per la promozione della giustizia distributiva e della pace.

### *2.2.1 Natura e obiettivi dell'educazione*

Ciascun'università cattolica, in modo rigoroso e critico, contribuisce alla tutela e allo sviluppo della dignità umana e del patrimonio culturale attraverso la ricerca, l'insegnamento e i vari servizi offerti alle comunità locali, nazionali e internazionali. Garantisce ai suoi membri la libertà accademica nel rispetto dei diritti dell'individuo e della comunità, nei limiti delle esigenze di verità e di bene comune (CP:12). Il suo obiettivo è garantire, in forma istituzionale, una presenza cristiana nel mondo universitario di fronte ai grandi problemi della società e della cultura.

Secondo la Congregazione per l'Educazione Cristiana, la scuola e l'università cattolica devono saper esprimere:

- rispetto della dignità di ogni persona e della sua unicità (e quindi il rifiuto dell'educazione e dell'insegnamento di massa, che rendono la persona umana manipolabile o la riducono a numero);
- la ricchezza di opportunità offerte ai giovani per crescere e sviluppare le proprie capacità e qualità;
- equilibrata attenzione agli aspetti cognitivi, affettivi, sociali, professionali, etici e spirituali;
- l'incoraggiamento mostrato a ogni studente affinché possa sviluppare i propri talenti in un clima di cooperazione e solidarietà;

- la promozione della ricerca come sforzo rigoroso orientato alla verità, nella consapevolezza dei limiti della conoscenza umana, ma anche in una grande apertura della mente e del cuore;
- rispetto delle idee, apertura al confronto, capacità di confronto e collaborazione in spirito di libertà e attenzione alla persona (CEC 2014:II,1)

Inoltre, spetta agli insegnanti guidare le giovani generazioni verso la conoscenza e la comprensione dei loro risultati e delle loro applicazioni. Inoltre la ricerca non è disgiunta dal senso etico e dalla dimensione trascendente. Infatti, scienza ed etica, scienza e trascendenza non si escludono a vicenda, ma si uniscono per una maggiore e migliore comprensione dell'uomo e della realtà del mondo (CEC 2014:II,2).

Per la Chiesa cattolica la scuola e l'università devono fare dell'educazione uno strumento educativo (II,3) che si avvale della partecipazione attiva degli studenti, suscita la loro curiosità, stimola la motivazione. Attraverso la ricerca e la risoluzione dei problemi rafforzano capacità cognitive e mentali diverse e più significative e stimolano anche accordi di lavoro collaborativi. Bisogna però stare attenti a non sottovalutare il valore dei contenuti di apprendimento, gli elementi essenziali del patrimonio culturale accumulato nel tempo e lo studio delle grandi questioni che l'umanità ha dovuto o deve ancora affrontare. Altrimenti si corre il rischio di insegnare finalizzato a fornire solo ciò che oggi sembra essere utile, perché questo sembra richiesto da una contingente esigenza economica e sociale, dimenticando ciò che è, per la persona umana, indispensabile (CEC 2014:II,1).

*2.2.2 Un'educazione integrale e non una meritocrazia d'élite*

L'Unione Europea, l'OCSE e la Banca Mondiale sottolineano la ragione strumentale e la competitività, con una concezione puramente funzionale dell'educazione, come se dovesse essere legittimato solo servendo l'economia di mercato e il lavoro. L'educazione non deve cedere a questa logica tecnocratica ed economica, anche se si trova sotto pressione da potenze esterne ed è esposta a tentativi di strumentalizzazione da parte del mercato. Infatti,

> non si tratta in nessun caso di minimizzare le richieste dell'economia o la gravità della disoccupazione, ma di rispettare la persona degli studenti nella loro integralità, sviluppando una molteplicità di competenze che arricchiscono la persona umana, la creatività, l'immaginazione, la capacità di assumersi delle responsabilità, la capacità di amare il mondo, di coltivare la giustizia e la compassione (CEC 2014:III,1,e).

La scuola cattolica non intende promuovere la meritocrazia di un'élite ma un'educazione integrale in un mondo che enfatizza lo sviluppo delle competenze.

Il paradigma della competenza, interpretata secondo una visione umanistica, va oltre l'acquisizione di specifiche conoscenze o abilità. Riguarda lo sviluppo di tutte le risorse personali dello studente e crea un legame significativo tra la scuola e la vita. È importante che l'educazione scolastica valorizzi non solo le competenze relative agli ambiti del sapere e del saper fare, ma anche quelli del vivere insieme agli altri e del crescere in umanità. Ci sono competenze quali, ad esempio, quella di tipo riflessivo, in cui si è autore responsabile dei propri atti, quella interculturale, deliberativa, della cittadinanza, che aumentano di importanza nel mondo globalizzato e ci riguardano direttamente, come pure le competenze in termini di coscienza, di pensiero critico, di azione creatrice e trasformatrice (CEC 2014:III,1,e).

### *2.2.3 Necessità di abilità artificiali, imprese e occupazione*

Questo insieme di abilità, denominate Gestione della conoscenza personale, associate alle nozioni di apprendimento personale e/o rete di apprendimento personale, consentono di selezionare e valutare in modo indipendente le proprie fonti, informazioni, per cercare dati in rete, per saperli archiviare, rielaborare, trasmetterli e condividerli. Tuttavia, queste abilità non sono le uniche necessarie. C'è bisogno anche di:

* connettività (capacità di interagire in rete), che coinvolge non solo aspetti tecnologici, ma anche capacità comunicative, relazionali e di gestione dell'identità personale in un contesto di comunicazione globale;
* capacità critica, o approccio critico alla rete, che riguarda la capacità di utilizzare la rete come risorsa base, finalizzandola nel contesto di utilizzo;
* creatività, ovvero lo sviluppo di atteggiamenti favorevoli all'apprendimento permanente, che consente di beneficiare di esperienze formative combinando momenti di apprendimento formale e situazioni di apprendimento informale, affari e occupazione

L'università deve ora essere il luogo che promuove l'incontro tra la formazione e il mondo del lavoro, offrendo elementi di riflessione e opportunità ai giovani che desiderano confrontarsi con i vari sistemi delle *start up*, per sperimentare il proprio idee e capacità. Gli studenti universitari hanno bisogno di conoscere in anticipo le varie aperture nel mondo del lavoro, partecipando a progetti e concorsi e avendo accesso a borse di studio. In questa prospettiva, le attività di orientamento a livello di scuola secondaria superiore e il sostegno durante il periodo dell'istruzione superiore sono di fondamentale importanza.

Di fronte ai problemi del lavoro, della disoccupazione e della preparazione dei futuri dirigenti di cui deve occuparsi anche l'istruzione superiore, va ricordato che l'università, come dice *Ex Cord Ecclesiae*, ha la missione fondamentale di mettersi con fiducia al servizio "della verità attraverso la ricerca, la conservazione e la comunicazione della conoscenza per il bene della società" (30). L'università cattolica contribuisce a questa missione attraverso il suo scopo di ministero della speranza al servizio degli altri, formando persone dotate di senso di giustizia e di profonda preoccupazione per il bene comune, educando a prestare particolare attenzione ai poveri, oppressi e si sforzano di insegnare agli studenti ad essere cittadini globali responsabili e attivi del mondo.

**Conclusione**

Da quanto detto sopra, comprendiamo che il lavoro e l'occupazione sono parti integranti della dignità umana e sociale. Così, sin dalla *Rerum Novarum*, il Magistero si è interessato alla questione operaia risolvendo i grandi dibattiti tra operai e proprietari di fabbrica, tra capitale e lavoro, tra capitalismo liberale e collettivismo socialista o comunista. Basa la sua riflessione sulla dignità dell'uomo e del lavoro e illumina riflessioni e pensieri affinché siano sempre più al servizio dello sviluppo integrale dell'uomo. Le autorità pubbliche e politiche, gli stati e le istituzioni nazionali e internazionali, i sindacati e le corporazioni devono svolgere la loro parte nei regolamenti in modo che nella giustizia e nella collaborazione equilibrata, gli sforzi del lavoro umano siano al servizio del bene comune di tutti. Il lavoro umano presuppone il diritto alla proprietà privata e il suo dovere di contribuire alla promozione del bene comune attraverso la giustizia distributiva. Il problema dell'occupazione solleva immediatamente la questione dell'economia tecnocratica liberale, la cui ambizione è la massimizzazione del profitto. Mantiene rapidamente importanti cambiamenti scientifici, tecnici, sociali e politici che minacciano la pace e lo sviluppo. Trasforma le comunità umane in opportunità per i consumatori. Nel grande concerto della globalizzazione, le fascinazioni culturali dei Paesi sviluppati suscitano nei Paesi poveri avventure migratorie che li impoveriscono con le loro braccia abili e disorganizzano le loro organizzazioni interne. Inoltre, emigranti vittime di traffico di droga e reti di marketing di organi.

Nella maggior parte dei Paesi in via di sviluppo, il rifiuto della propria cultura creato dal fenomeno dell'acculturazione dovuto all'emigrazione costituisce un grande pericolo per l'equilibrio umano e sociale. Inoltre, questi Paesi spesso condannano a consumare i prodotti esportati che costano loro caro perché i prezzi sono fissati dai Paesi industrializzati. Allo stesso tempo, mantengono un'economia basata sulle esportazioni di prodotti agricoli e materie prime che vengono consegnate quasi gratuitamente alle multinazionali a causa della politica monetaria e della concorrenza di mercato. Pertanto, nonostante il lavoro delle masse lavoratrici, la povertà e la miseria stanno peggiorando così come i divari sociali. Inoltre, le politiche interne finanziate dalle grandi potenze faticano a definirsi le linee del progresso in un contesto di governo globale.

In mezzo a tutte queste situazioni disastrose, la protezione dell'ambiente diventa di grande preoccupazione. Il lavoro umano che si svolge in un contesto di distruzione ecologica mette in pericolo gli ecosistemi e minaccia la scomparsa di specie animali e vegetali e, in ultima analisi, la vita umana. L'agricoltura vi occupa un posto chiave, che deve rinnovare i suoi metodi di produzione per proteggere l'ambiente. Pertanto, è urgente promuovere l'istruzione e la formazione scolastica e universitaria che integrino tutte le nuove mutazioni, programmi e ricerche cosmiche, sociali, economiche e geostatiche. L'istruzione è la vita del vero sviluppo della terra natale comune. L'alfabetizzazione e le nuove tecnologie per l'ufficio, l'elettronica e l'intelligenza artificiale stanno colmando il divario tra scuola e occupazione. Il primato della persona umana sul lavoro e del lavoro sul capitale deve alimentare ulteriormente una nuova prospettiva dell'educazione nelle scuole e nelle università affinché la questione dell'occupazione trovi soluzioni più globali che nobilitano la persona del lavoratore e costruiscono il bene comune. Inoltre, i vulnerabili, i disabili, i poveri e gli emarginati meritano tutti una formazione speciale che permetta loro di essere meglio integrati nella comunità e di contribuire con dignità allo sviluppo.

# CONCLUSIONE GENERALE

La visione biocentrica del lavoro dai popoli beninesi è ben corroborata dai contributi antropologici e teologici del racconto di Genesi 1-3 e dal significato etico e sociale del libro dell'Apocalisse. Infatti, nei primi tre capitoli della Genesi, Yahweh il Creatore è presentato come il prototipo e l'archetipo dell'architetto perfetto che dimostra l'eccellenza nella leadership e nel management per rivelare fin dall'inizio il modo migliore di condurre qualsiasi impresa umana al servizio della vita. Egli procede metodicamente con la creazione per parola (progettazione, comunicazione, pianificazione, esecuzione), per separazione (discernimento), per benedizione (educazione, divisione dei compiti) e per controllo (valutazioni parziali e finali). Analogamente, è ispirandosi a questo modello originale di gestione e di governo che l'uomo – chiamato a vivere in osmosi con la creazione, con la quale costituisce un ecosistema biocentrico in tensione dinamica verso la plenitudine – deve esprimere la sua dignità come immagine e somiglianza di Dio. Il propefeta Ezechiele nella sua visione della nuova Gerusaleme e del nuovo tempio intravede nell'architettura e nel catastro nuovi luoghi di socialità del lavoro. Fin d'ora e in poi, la sua descrizione del fiume che scaturisce dal tempio e degli arberi, ricostrusce il quadro geopolitico ideale per lo sviluppo dell'economia, della medicina e della farmacia.

Il libro dell'Apocalisse, dal canto suo, ci invita a questo stadio finale di pienezza nella sua descrizione parenetica della riconciliazione e della ricapitolazione di tutta la creazione sotto il regno dell'Agnello immolato che ora siede sul trono di Dio. Nella nuova città, l'ecologia armoniosa originale di Gn 1-3, interrotta dalla disobbedienza originale, viene ripristinata con l'accesso all'albero della vita che serve come cibo per i cittadini e come guarigione per le nazioni. I servi fedeli che con il loro lavoro e la loro testimonianza di vita hanno lavato e purificato le loro vesti nel sangue dell'Agnello sono gli unici cittadini della nuova Gerusalemme, Città di Dio.

È alla luce di questa prospettiva di plenitudine di vita che il Magistero, da papa Leone XIII a papa Francesco, passando per il Concilio Vaticano II, si occupa della questione dei lavoratori. La Chiesa non ha mai smesso di insistere sulla dignità del lavoro e del lavoratore, sul destino universale dei beni del pianeta, sul miglioramento delle condizioni di vita del lavoratore, sul diritto di associazione e di sindacato, sul diritto al riposo e al culto, sulla giustizia nei contratti di lavoro, sull'equità nelle istituzioni nazionali e internazionali, sul rispetto e la difesa dell'ambiente, sulla situazione sociale degli immigrati, sulla solidarietà, sulla giustizia distributiva. È anche interessata alla buona educazione, che deve preparare i giovani in modo efficace con competenze e abilità che li rendano più competitivi nel mercato del lavoro e dell'occupazione, con particolare attenzione alle nuove scienze, tecniche e tecnologie e specialmente alle tecnologie dell'intelligenza artificiale. Così, la Bibbia e il Magistero, arricchiti dai contributi della filosofia e delle scienze sociali e politiche, forniscono strumenti socio-antropologici e teologici che devono illuminare nuovi approcci del lavoro e della disoccupazione in questi periodi di grandi stravolgimenti di Covid19, di conflitti e di guerre quando nascono nuovi grandi gruppi multipolari.

# BIBLIOGRAFIA

## 1. Documenti Biblici

### *1.1- Genesi*

Banon, D., « Création et origine », *Pardès* 2/31 (2001) 59 - 72.

Bauer, O., « L'alimentation comme faute, comme peine et comme énergie (Genèse 2,25 - 3,17) », *Lire et Dire. Études exégétiques en vue de la prédication*, 102/4 (2014) 3-14.

Beauchamp, P., *Création et Séparation. Étude exégétique du premier chapitre de la Genèse*, Lectio Divina 201, Cerf, Paris 2005 (1re éd. 1969). 423 p.

Brueggemann, W., *Genesis* (Interpretation Commentary; Atlanta, GA: John Knox, 1982) = Genesi (Strumenti e commentari; Torino: Claudiana, 2002).

Carr, D.M., *Genesis 1-11* (International Exegetical Commentary on the Old Testament; Stuttgart: Kohlhammer, 2021.

------, *The Formation of Genesis 1–11: Biblical and Other Precursors* (Oxford – New York: Oxford University Press, 2020).

Ebach, J., *Genesis 37-50* (HTKAT; Freiburg im Breisgau: Herder, 2007).

Evans C.A.– Lohr J.N. –. Petersen, D.L., *The Book of Genesis: Composition, Reception, and Interpretation* (VTS 152; Leiden – Boston: Brill, 2012).

Fischer, G., *Genesis 1-11 übersetzt und ausgelegt* (HTKAT; Freiburg – Basel – Wien: Herder, 2018).

Gertz, J.C. , *Das erste Buch Mose (Genesis). Die Urgeschichte Gen 1–11* (ATD Neubearbeitungen 1; Göttingen: Vandenhoeck & Ruprecht, 2018.

Giuntoli, F., *Genesi 1-11. Introduzione, traduzione, commento* (Nuova versione della Bibbia dai testi originali 1; Cinisello Balsamo [MI]: San Paolo, 2013).

Goldingay, J., *Genesis* (Baker Commentary on the Old Testament: Pentateuch; Grand Rapids, MI: Baker Academic, 2020).

Grypeou E.– Spurling H. (eds.), *The Book of Genesis in Late Antiquity: Encounters between Jewish and Christian Exegesis* (Jewish and Christian Perspectives, 24; Leiden: Brill: 2013).

Gunkel, H., *Genesis* (GHAT; Göttingen: Vandenhoeck & Ruprecht, [3]1910, 1969) = *Genesis*. Translated by M.E. Biddle (Mercer Library of Biblical Studies; Macon, GA: Mercer University Press, 1997).

Hendel, R., *The Book of Genesis: A Biography* (Princeton, NJ: Princeton University Press, 2013).

Hinschberger, R., « Image et ressemblance dans la tradition sacerdotale Gn 1,26-28 ; 5,1-13 ; 9,6b », *Revue des sciences religieuses* 59/3/4 (1985) 185-199.

Joosten, J., « L'arbre de la connaissance du bien et du mal dans son contexte biblique », *Genèse 2,17* (éd. Matthieu Arnold, Gilbert Dahan, Annie Noblesse-Rocher; Paris: Cerf, 2016)17-36.

------, « Que s'est-il réellement passé au jardin d'Eden », Revue des sciences religieuses 86/4 (2012) 493-501.

Junod, É. « Une interprétation originale de Genèse 1,28 indûment attribuée à Origène ». *Revue d'Histoire et de Philosophie religieuses* 71-1 (1991) 11-31.

L'Hour, J., *Genèse 2,4b-4,26. Commentaire* (Études bibliques. Nouvelle série 78; Leuven-Paris - Bristol, CT: Peeters, 2018).

------, *Genèse 1-2,4a. Commentaire* (Études bibliques. Nouvelle série 71; Leuven – Paris – Bristol, CT: Peeters, 2016).

McKeown, J., *Genesis* (The Two Horizons Old Testament Commentary; Grand Rapids, MI: Eerdmans, 2008).

Merode (de) M., « Une aide qui lui corresponde ». L'exégèse de Gen. 2, 18-24 dans les écrits de l'Ancien Testament, du judaïsme et du Nouveau Testament, *Revue Théologique de Louvain* 3 (1977) 329-35.

Moberly, R. W. L., *The Theology of the Book of Genesis* (Old Testament Theology; Cambridge: Cambridge University Press, 2009).

Schüle, A., *Die Urgeschichte (Genesis 1-11)* (Zürcher Bibelkommentare AT 1.1; Zürich: Theologischer Verlag, 2009).

Titus, J., « Théologie du second récit de création (Genèse 2,5-3,24) », *Transversalités* 3/134 (2015) 83-107.

Touzet, P., « Et Dieu vit que c'était bon », *Création Evolutive* 44 /24/05/ (2022) 1-2.

Wenham, G.J., *Genesis 1-15* (WBC 1; Waco, TX: Word Books, 1987).

Wénin A., (ed.), *Studies in the Book of Genesis. Literature, Redaction and History* (BETL 155; Leuven: Peeters, 2001).

------., « Le récit de la bénédiction et ses enjeux dans le livre de la Genèse, *Kanien, Revue semestrielle de recherches en théologie et sciences humaines* (2019) 4-35

Westermann, C., *Genesis 1-2-3* (BK I,1-2-3; Neukirchen-Vluyn: Neukirchener Verlag, 1974, 1981, 1982) = *Genesis I-II-III* (London: SPCK – Minneapolis, MN: Augsburg/Fortress Press, 1984, 1985, 1986).

*1.2 - Ezéchiel*

Anthonioz, S., "Les visions dans le livre d'Ézéchiel: notes critiques", *RHR* 236 (2019/3) 577-589.

Antonissen, H., "Architectural Representation Technique in New Jerusalem, Ezekiel and the Temple Scroll", in K. Berthelot – D. Stökl Ben Ezra (eds.), *Aramaica Qumranica: Proceedings of the Conference on the Aramaic Texts from Qumran in Aix-en-Provence, 30 June - 2 July 2008* (STDJ 94; Leiden: Brill, 2010) 485-513.

Babota, V., "The Sons of Zadok, the Hasmonean Royal High Priesthood, and the Book of Ezekiel", *RevQ* 32,1 [115] (2020) 79-116.

Barthélemy, D., "Les relations de la Complutensis avec le papyrus 967 pour Ez 40,42 a 46,24", in D. Fraenkel (ed.), *Studien zur Septuaginta. Robert Hanhart zu Ehren aus Anlaß seines 65. Geburtstages* (Mitteilungen des Septuaginta-Unternehmens, 20 / Abhandlungen der Akademie der Wissenschaften in Göttingen, Philologisch-historische Klasse 3, 190; Göttingen: Vandenhoeck & Ruprecht 1990) 253-261.

Bergsma, J. S., "The Restored Temple as 'Built Jubilee' in Ezekiel 40-48", *Proceedings of the Eastern Great Lakes and Midwest Biblical Society* 24 (2004) 75-85.

--------, The Jubilee from Leviticus to Qumran. A History of Interpretation (VTSup 115; Leiden: Brill, 2007).

Block, D. I., "Envisioning the Good News: Ten Interpretive Keys to Ezekiel's Final Vision", in D. I. Block, *Beyond the River Chebar: Studies in Eschatology and Kingship in Ezekiel* (Eugene, OR: Cascade Books – Wipf & Stock, 2013) 158-174.

--------, "Guarding the Glory of YHWH: Ezekiel's Geography of Sacred Space", in D. I. Block, *Beyond the River Chebar: Studies in Eschatology and Kingship in Ezekiel* (Eugene, OR: Cascade Books – Wipf & Stock, 2013) 175-196.

Bodi, D., "Le prophète critique la monarchie: le terme nāśīʾ chez Ézéchiel," in A. Lemaire (ed.), Prophètes et rois: Bible et Proche-Orient (Lectio Divina hors série; Paris: Cerf, 2001) 249-257.

Boyle, B., "The Figure of the Nasi in Ezekiel's Vision of the New Temple (Ezekiel 40–48)", *Australian Biblical Review* 58 (2010) 1-16.

Collins, J. J., "Models of Utopia in the Biblical Tradition", in S. M. Olyan – R. C. Culley (eds.), "A Wise and Discerning Mind". *Essays in Honor of Burke O. Long* (Brown Judaic Studies, 325; Providence, RI: Brown University, 2000) 51-67.

Cook, S. L., "Ezekiel's God Incarnate! The God that the Temple Blueprint Creates", in P. M. Joyce – D. Rom-Shiloni (eds.), *The God Ezekiel Creates* (LHB/OTS 607; London & New York: Bloomsbury T&T Clark, 2015) 132-149.

Darr, K. Pfisterer, "The Wall Around Paradise. Ezekielian Ideas about the Future", *VT* 37 (1987) 271-279.

Duguid, I. M., *Ezekiel and the Leaders of Israel* (VTSup 56; Leiden: Brill, 1994).

Ederer, M., "Die Tora des Ezechiel als Kommentar zur Tora des Mose?", in C. Dohmen (ed.), *Das Alte Testament und seine Kommentare: literarische und hermeneutische Orientierungen* (SBB 81; Stuttgart: Katholisches Bibelwerk, 2021) 153-177.

Ganzel, T. – S. E. Holtz, "Ezekiel's Temple in Babylonian Context", *VT* 64 (2014) 211-226.

Ganzel, T., "The Reworking of Ezekiel's Temple Vision in the Temple Scroll", in J. Jokiranta – M. M. Zahn (eds.), *Law, Literature, and Society in Legal Texts from Qumran: Papers from the Ninth Meeting of the International Organization for Qumran Studies*, Leuven 2016 (STDJ 128; Leiden: Brill, 2019) 230-252.

------, *Ezekiel's Visionary Temple in Babylonian Context* (BZAW 539; Berlin: De Gruyter, 2021).

------, "First-Month Rituals in Ezekiel's Temple Vision: A Pentateuchal and Babylonian Comparison", CBQ 83 (2021) 390-406.

García Martínez, F., "L'interprétation de la Torah d'Ezéchiel dans les MSS de Qumran", *RevQ* 13,1-4 [49-52] (1988) 441-452; = F. García Martínez – É. Puech (eds.), Mémorial Jean Carmignac: études Qumrâniennes (Paris: Gabalda, 1988) 441-452.

Gese, H., *Der Verfassungentwurf des Ezechiel (Kap. 40-48) traditionsgeschichtlich untersucht* (BHT 25; Tübingen: Mohr [Siebeck], 1957).

Gordon, B. D., "Chap. 3: The Sacred Reserve of Yahweh in Ezekiel's Temple Vision", in *his Land and Temple: Field Sacralization and the Agrarian Priesthood of Second Temple Judaism* (Studia Judaica, 87; Berlin: De Gruyter, 2020) 84-116.

Gosse, B., "Le temple dans le livre d'Ézéchiel en rapport à la rédaction des livres des Rois", BTB 26 (1996) 40-47.

Goswell, G., "The Prince Forecast by Ezekiel and Its Relation to Other Old Testament Messianic Portraits", *BN* 178 (2018) 53-73.

Goudoever, J. van, "Ezekiel Sees in Exile a New Temple-City at the Beginning of a Jobel Year", in J. Lust (ed.), *Ezekiel and His Book. Textual and Literary Criticism and their Interrelation* (BETL 74; Leuven: Leuven University Press, 1986) 344-349.

Greenberg, M., "The Design and Themes of Ezekiel's Program of Restoration", *Int* 38 (1984) 181-208; = [same title], in J. L. Mays – P. J. Achtemeier (eds.), Interpreting the Prophets (Philadelphia, PA: Fortress Press, 1995) 215-236.

Grumbles, D. N., YHWH Is There: Ezekiel's Temple Vision as a Type (Eugene, OR: Wipf & Stock, 2021).

Haran, M., *Temples and Temple Service in Ancient Israel. An Inquiry into the Character of Cult Phenomena and the Historical Setting of the Priestly School* (Oxford: Clarendon, 1978). Reprinted with corrections and a slightly modified title: Temples and Temple Service in Ancient Israel. An Inquiry into Biblical Cult Phenomena and the Historical Setting of the Priestly School (Winona Lake, IN: Eisenbrauns, 1985 [second reprint 1995]).

------, "The Law Code of Ezekiel XL-XLVIII and its Relation to the Priestly School", HU*CA* 50 (1979) 45-71.

------, "Ezekiel, P, and the Priestly School", *VT* 58 (2008) 211-218.

Hiebel, J. M., Ezekiel's Vision Accounts as Interrelated Narratives: A Redaction-Critical and Theological Study (BZAW 475; Berlin: De Gruyter, 2015) 171-213.

Hullinger, J. M., "The Problem of Animal Sacrifices in Ezechiel 40-48", *BSa*c 152 (1995) 279-289.

------, "The Divine Presence, Uncleanness, and Ezekiel's Millennial Sacrifices", BSac 163 (2006) 405-422.

------, "The Function of the Millennial Sacrifices in Ezekiel's Temple, Part 1", in *BSac* 167 (2010) 40-57.

-------, "The Function of the Millennial Sacrifices in Ezekiel's Temple, Part 2", *BSac* 167 (2010) 166-179.

Hunt, A., Missing Priests: The Zadokites in Tradition and History (LHB/OTS 452; London: T & T Clark International, 2006), esp. 124-143.

Hwang, S., " נשיאin Ezekiel 40-48", *SJOT* 23 (2009) 183-194.

Joyce, P. M., "Temple and Worship in Ezekiel 40-48", in J. Day (ed.), Temple and Worship in Biblical Israel. Proceedings of the Oxford Old Testament Seminar (LHB/OTS 422; London: T & T Clark 2006) 145-163.

------, "On Earth as It Is in Heaven: Heavenly and Earthly Temple in Ezekiel 40-48", in T. Ganzel – S. E. Holtz (eds.), Contextualizing Jewish Temples (The Brill Reference Library of Judaism, 64; Leiden: Brill, 2021) 123-139.

Kasher, R., "Anthropomorphism, Holiness and Cult: A New Look at Ezekiel 40-48", ZAW 110 (1998) 192-208.

Kilchör, B., *Wiederhergestellter Gottesdienst: eine Deutung der zweiten Tempelvision Ezechiels (Ez 40-48) am Beispiel der Aufgaben der Priester und Leviten* (HBS 95; Freiburg im Breisgau: Herder, 2020).

Kim, S. J., "Yhwh Shammah: The City as Gateway to the Presence of Yhwh", *JSOT* 39.2 (Dec. 2014) 187-207.

------., "Ashamed before the Presence of God: Theological Contexts of Shame in the Book of Ezekiel", in M. A. Sweeney (ed.), *Theology of the Hebrew Bible, Volume 1: Methodological Studies* (SBLRBS 92; Atlanta, GA: SBL Press, 2019) 213-244.

Klein, R. C., "Reconciling the Sacrifices of Ezekiel with the Torah", JBQ 43 (2015) 211-222.

Koch, C., "Vorstellungen von Gottes Wohnort im Ezechielbuch", in J. C. Gertz – C. Körting – M. Witte (eds.), *Das Buch Ezechiel: Komposition, Redaktion und Rezeption* (BZAW 516; Berlin: De Gruyter, 2020) 207-232.

Konkel, M. D., Architektonik des Heiligen. Studien zur zweiten Tempelvision Ezechiels (Ez 40-48) (BBB 129; Berlin: Philo, 2001).

------, "Die Gola von 597 und die Priester. Zu einem Buch von Thilo Alexander Rudnig", *ZABR* 8 (2002) 357-383.

------, "Die zweite Tempelvision Ezechiels (Ez 40-48). Dimensionen eines Entwurfs", in O. Keel – E. Zenger (eds.), *Gottesstadt und Gottesgarten. Zu Geschichte und Theologie des Jerusalemer Tempels* (QD 191; Freiburg: Herder, 2002) 154-179.

------, "Paradies mit strengen Regeln. Die Schlussvision des Ezechielbuches (Ez 40-48)", BK 60 (2005) 167-172.

------., "The System of Holiness in Ezekiel's Vision of the New Temple (Ezek 40-48)", in C. Frevel – C. Nihan (eds.), *Purity and the Forming of Religious Traditions in the Ancient Mediterranean World and Ancient Judaism* (Dynamics in the History of Religions, 3; Leiden: Brill, 2013) 429-455.

Leveen, A., "Returning the Body to Its Place: Ezekiel's Tour of the Temple", HTR 105 (2012) 385-401.

Levenson, J. D., *Theology of the Program of Restoration of Ezekiel 40-48* (HSM 10; Missoula, MT: Scholars, 1976).

Liss, H., "Describe the Temple to the House of Israel': Preliminary Remarks on the Temple Vision in the Book of Ezekiel and the Question of Fictionality in Priestly Literatures", in E. Ben Zvi (ed.), *Utopia and Dystopia in Prophetic Literature* (Publications of the Finnish Exegetical Society, 92; Helsinki: The Finnish Exegetical Society; Göttingen: Vandenhoeck & Ruprecht, 2006) 122-143.

Lux, R., "Das neue und das ewige Jerusalem. Planungen zur Wiederaufbau in frühnachexilischer Zeit", in S. Gillmayr-Bucher – A. Giercke – C. Niessen (eds.), Ein Herz so weit wie der Sand am Ufer des Meeres: Festschrift für Georg Hentschel (Erfurter Theologische Studien, 90; Würzburg: Echter, 2006) 255-271. Reprinted [same title] in R. Lux, Prophetie und Zweiter Tempel: Studien zu Haggai und Sacharja (FAT 65; Tübingen: Mohr Siebeck, 2009) 86-101.

Lyons, M. A., "Envisioning Restoration: Innovations in Ezekiel 40-48", in E. R. Hayes – L.-S. Tiemeyer (eds.), 'I Lifted My Eyes and Saw': Reading Dream and Vision Reports in the Hebrew Bible (LHB/OTS 584; London & New York: Bloomsbury T&T Clark, 2014) 71-83.

Maier, J., "Die Hofanlagen im Tempel-Entwurf des Ezechiel im Licht der 'Tempelrolle' von Qumran", in J. A. Emerton (ed.), Prophecy. Essays Presented to Georg Fohrer on his Sixty-Fifth Birthday, 6 September 1980 (BZAW 150; Berlin: De Gruyter, 1980) 55-67.

------, "The Temple Scroll and Tendencies in the Cultic Architecture of the Second Commonwealth", in L. H. Schiffman (ed.), *Archaeology and History in the Dead Sea Scrolls*. The New York University Conference in Memory of Yigael Yadin (JSPSup 8; Sheffield: JSOT Press, 1990) 67-82.

Milgrom, J., "The Unique Features of Ezekiel's Sanctuary", in N. S. Fox – D. A. Glatt-Gilad – M. J. Williams (eds.), Mishneh Todah: Studies in Deuteronomy and Its Cultural Environment in Honor of Jeffrey H. Tigay (Winona Lake, IN: Eisenbrauns, 2009) 293-305.

Nevader, M., "Picking Up the Pieces of the Little Prince: Refractions of Neo-Babylonian Kingship Ideology in Ezekiel 40-48?", in J. Stökl – C. Waerzeggers (eds.), *Exile and Return: The Babylonian Context* (BZAW 478; Berlin: De Gruyter, 2015) 268-291.

Niditch, S., "Ezekiel 40-48 in a Visionary Context", *CBQ 48* (1986) 208-224.

Nielsen, K., "Ezekiel's Visionary Call as Prologue: From Complexity and Changeability to Order and Stability?", *JSOT* 33.1 (Sept. 2008) 99-114.

Nobile, M., "Ez 38-39 ed Ez 40-48: i due aspetti complementari del culmine di uno schema cultuale di fondazione", Anton 62 (1987) 141-171. Reprinted in his Saggi su Ezechiele (Spicilegium 40; Roma: Edizioni Antonianum, 2009) 63-92.

O'Hare, D. M., "Innovation and Translation: Hellenistic Architecture in Septuagint Ezekiel 40-48", BIOSCS 42 (2009) 80-94.

------, Have You Seen, Son of Man? A Study of the Translation and Vorlage of LXX Ezekiel 40–48 (SBLSCS 57; Atlanta, GA: Society of Biblical Literature; Leiden: Brill, 2010).

Peterson, B. N., "Ezekiel's Rhetoric: Ancient Near Eastern Building Protocol and Shame and Honor as the Keys in Identifying the Builder of the Eschatological Temple", *JETS* 56 (2013) 707-731.

Rooke, D., "Urban Planning according to Ezekiel: The Shape of the Restored Jerusalem", in J. K. Aitken – H. F. Marlow (eds.), *The City in the Hebrew Bible: Critical, Literary and Exegetical Approaches* (LHB/OTS 672; London & New York: Bloomsbury T&T Clark, 2018) 123-143.

Rudnig, T. A., *Heilig und profan. Redaktionskritische Studien zu Ez 40-48* (BZAW 287; Berlin: De Gruyter, 2000).

Schmitt, J. W. – J. C. Laney, Messiah's Coming Temple. Ezekiel's Prophetic Vision of the Future Temple (Grand Rapids, MI: Kregel, 1997).

Sharon, D. M., "A Biblical Parallel to a Sumerian Temple Hymn? Ezekiel 40-48 and Gudea", *JANES* 24 (1996) 99-109.

Simon, B., "Ezekiel's Geometric Vision of the Restored Temple: From the Rod of his Wrath to the Reed of his Measuring", *HTR* 102 (2009) 411-438.

Smith, J. Z., *To Take Place. Toward Theory in Ritual* (Chicago Studies in the History of Judaism; Chicago: University of Chicago Press, 1987), esp. 47-73.

Stevenson, K. R., *The Vision of Transformation: The Territorial Rhetoric of Ezekiel 40-48* (SBLDS 154; Atlanta, GA: Scholars, 1996).

Strange, J., "Architecture and Theology", SEÅ 54 (1989) 199-206.

Strong, J. T., "Grounding Ezekiel's Heavenly Ascent: A Defense of Ezek 40-48 as a Program for Restoration", *SJOT* 26 (2012) 192-211.

Sweeney, M. A., "Form and Coherence in Ezekiel's Temple Vision", in his Reading Prophetic Books: Form, Intertextuality, and Reception in Prophetic and Post-Biblical Literature (FAT 89; Tübingen: Mohr Siebeck, 2014) 233-250.

Thromas, A., "Ézéchiel 40-48 : le modèle céleste du temple", in M.-L. Chaieb – J. Roux (eds.), *Quand Dieu montre le modèle: interprétations et déclinaisons d'un motif biblique* (Bibliothèque des religions du monde, 4; Paris: Honoré Champion, 2016) 111-132.

Tuell, S. S., "The Temple Vision of Ezekiel 40-48: A Program for Restoration?", *Proceedings of the Eastern Great Lakes and Midwest Biblical Society* 2 (1982) 96-103.

------, *The Law of the Temple in Ezekiel 40-48* (HSM 49; Atlanta, GA: Scholars, 1992).

------, "Ezekiel 40-42 as Verbal Icon," *CBQ* 58 (1996) 649-664.

Vogt, E., "Aufbau und Grundbestand der Tempelvision Ez 40-48' , in his Untersuchungen zum Buch Ezechiel (*AnBib 95*; Rome: Biblical Institute Press, 1981) 127-175.

Vries, P. de, "The Relationship Between the Glory of YHWH and the Spirit of YHWH in Ezekiel 33-48", *OTE* 28 (2015) 326-350.

Zimmerli, W., "Planungen für den Wiederaufbau nach der Katastrophe von 587", VT 18 (1968) 229-255; = [same title], in W. Zimmerli, *Studien zur alttestamentlichen Theologie und Prophetie: Gesammelte Aufsätze* II (TB 51; München: Kaiser, 1974) 165-191; = "Plans for Rebuilding after the Catastrophe of 587", in W. Zimmerli, I Am Yahweh. Edited by and introduction by W. Brueggemann (Atlanta, GA: John Knox Press, 1982) 111-133.

*1.3- Apocalisse*

Bauckham, R. J., *The Climax of Prophecy*. Studies on the Book of Revelation (Edinburgh: Clark, 1993).

------, *The Theology of the Book of Revelation* (New Testament theology; Cambridge: University Press, 1993); tr. it. *La teologia dell'Apocalisse* (Teologia del Nuovo Testamento; Brescia: Paideia, 1994).

Biguzzi, G. *L'Apocalisse e i suoi enigmi* (StBi 143; Brescia: Paideia, 2004).

------, *Apocalisse. Nuova versione, introduzione e commento* (I Libri Biblici. Nuovo Testamento 20; Milano: Paoline, 2005, 2011).

------, *I settenari nella struttura dell'Apocalisse.* Analisi, storia della ricerca, interpretazione (SRivBib 31; Bologna: EDB, 1996, 2004).

Bonhomme, M. Jiménez, *L'Apocalisse*. La storia illuminata dalla gloria di Cristo (Bibbia per tutti; Assisi: Cittadella, 1996).

Collins, A. Y., *Crisis and Catharsis.* The Power of the Apocalypse (Philadelphia, PA: Westminster, 1984).

Desrosiers, G., *An Introduction to Revelation* (Continuum Biblical Studies; London: Continuum, 2000).

Giesen, H., *Die Offenbarung des Johannes* (RNT; Regensburg: Pustet, 1997).

Ibarrondo, X. Pikaza *Apocalipsis* (Guías de lectura del Nuevo Testamento 17; Estella: Verbo Divino, 1999); tr. it. *Apocalisse* (Guide alla lettura del Nuovo Testamento 17; Roma: Borla, 2001).

Lassus (de), Alain M, « L'usage de l'Ancien Testament dans l'Apocalypse », *Aletheia* (2015) 1-35.

Müller, U. B., *Die Offenbarung des Johannes* (ÖTBK 19; Gütersloh – Würzburg: Echter – Gütersloher, 1984).

Prigent, P., *L'Apocalypse de saint Jean* (Édition revue et augmentée) (Commentaire du Nouveau Testament 14; Genève: Labor et Fides, 2000); tr. it. *L'Apocalisse di S. Giovanni* (Commenti biblici; Roma: Borla, 1985); tr. ingl. *Commentary on the Apocalypse of St. John* (Tübingen: Mohr, 2001).

Resseguie, J. L., *The Revelation of John.* A Narrative Commentary (Grand Rapids, MI: Baker Academic, 2009).

Schüssler Fiorenza, E., *Revelation.* Vision of a Just World (Proclamation commentaries; Minneapolis, MN: Fortress, 1991); tr. it. *Apocalisse.* Visione di un mondo giusto (Brescia: Queriniana, 1994); tr. ted. *Das Buch der Offenbarung.* Vision einer gerechten Welt (Stuttgart: Kohlhammer, 1994); tr. sp. *Apocalipsis.* Visión de un mundo justo (Ágora 3; Estella: Verbo Divino, 1997).

Smalley, S. S., *The Revelation of John.* A Commentary on the Greek Text of the Apocalypse (Downers Grove, IL: InterVarsity, 2005).

Thompson, L. L., *The Book of Revelation.* Apocalypse and Empire (New York: Oxford University, 1990).

Vanni, U. , *Apocalisse e Antico Testamento.* Una sinossi (Ad uso degli studenti) (Roma: Pontificio Istituto Biblico, 2000).

-------, *Apocalisse.* Ermeneutica, esegesi, teologia (SRivBib 17; Bologna: EDB, 1988, 2005); tr. sp. *Lecturas del Apocalipsis.* Hermenéutica, exégesis, teología (Estella: Verbo Divino, 2005).

### *2- Documenti magisteriali*

Benedetto XVI. 2009. *Lettera Enciclica Caritas in Veritate.* Città del Vaticano: Libreria Editrice Vaticana.

Benoît XVI. 2007. *Discours au Corps Diplomatique Accrédité près le Saint-Siège* 8 (1): *AAS* 99, 73.

-----. 2008. *Discours au Clergé du Diocèse de Bolzano-Bressanone* 6 (8): *ASS* 100, 634.

-----. 2010. *Message pour la Journée Mondiale de la Paix* 2: ASS 102, 41.

Concile Vatican II. *Constitution Pastorale sur l'Eglise dans le Monde de ce Temps Gaudium Et Spes* 59: *AAS* 58 (1966), p. 1080.
Conférence des évêques catholiques d'Afrique du Sud. 1999. *Pastoral Statement on the Environmental Crisis* 5 (9).
Congrégation Pour l'Éducation Catholique. 2007. *Éduquer Ensemble dans l'Ecole Catholique Mission Partagée par les Personnes Consacrées et les Fidèles Laïcs*. Cité du Vatican. *Librairie Éditrice du Vatican.*
-----. 2014. *Éduquer Aujourd'hui et Demain, une Passion qui se Renouvelle*. Cité du Vatican: Librairie Éditrice du Vatican.
Conseil Pontifical "Justice et Paix". 2004. *Compendium de la Doctrine sociale de l'Église*. Cité du Vatican: Librairie Éditrice du Vatican.
Évêques de la région de Patagonie-Comahue (Argentine). 2009. *Mensaje de Navidad* (12): 2.
Francesco. 2013. *Esortazione Apostolica Evangelii Gaudium* 24 (11): *AAS* 105, 1114.
-----. 2019. *Lettera Apostolica "Motu Proprio" sulla Protezione dei Minori e delle Persone Vulnerabili*. Città del Vaticano: Libreria Editrice Vaticana.
-----. 2020. *Lettera Apostolica Patris Corde*. Città del Vaticano: Libreria Editrice Vaticana
-----. 2020. *Lettera Enciclica Fratelli tutti*. Città del Vaticano: Libreria Editrice Vaticana.
-----. 2020. *Lettera Enciclica Lodato Sii*. Città del Vaticano: Libreria Editrice Vaticana.
François. 2011. *Exhortation Apostolique Post-synodale Africae Munus*. Cité du Vatican. Librairie éditrice du Vatican.
-----. 2014. *Salut au Personnel de la FAO* 20 (11): *AAS* 106.
Giovanni Paolo II. 1979. *Lettera Enciclica Redemptoris Hominis*. Città del Vaticano: Libreria Editrice Vaticana.
-----. 1981. *Lettera Enciclica Laborem Exercens*. Città del Vaticano: Libreria Editrice Vaticana.
Giovanni Paolo II. 1987. *Lettera Enciclica Sollicitudo Rei Socialis*. Città del Vaticano: Libreria Editrice Vaticana.
-----. 1990. *Ex Corde Ecclesiae*. Città del Vaticano: Libreria Editrice Vaticana.
-----. 1991. *Lettera Enciclica Centesimus Annus*. Città del Vaticano: Libreria Editrice Vaticana.
Jean-Paul II. 1981. *Discours aux Représentants des Hommes de la Science, de la Culture et des Hautes Etudes à l'Université des Nations-Unies*. Hiroshima 25 (2): *AAS* 73.
-----. 1981. *Discours à l'Académie Pontificale des Sciences 3 (10)* 3: *Insegnamenti* 4/2 (1981), 333.
-----. 1990. *Message pour la Journée Mondiale de la Paix* 6: *AAS* 82, 150.
Leone XIII. 1891. *Lettera Enciclica Rerum Novarum*. Città del Vaticano: Libreria Editrice Vaticana.
Paolo VI. 1965. *Gravissimus Educationis*. Città del Vaticano: Libreria Editrice Vaticana.
-----. 1967. *Lettera Enciclica Populorum Progressio*. Città del Vaticano: Libreria Editrice Vaticana.
-----. 1971. *Lettera Enciclica Octoesima Adveniens*. Città del Vaticano: Libreria Editrice Vaticana.
Paul VI. 1964. *Message au monde remis aux Journalistes le 4 décembre 1964*. *AAS*., 57 (1965) 5.
-----. Discours à l'Occasion du 25ème Anniversire de la FAO 16 (11) 4: *AAS* 62, 833.
-----. 1971. *Lettre Apostolique. Octogesima adveniens* 14 (5) 21: *AAS* 63, 416-417.
Pio XI. 1937. *Lettera Enciclica Quadragesimo Anno*. Città del Vaticano: Libreria Editrice Vaticana.

MIX
Papier aus verantwortungsvollen Quellen
Paper from responsible sources
FSC® C105338

Printed by Books on Demand GmbH, Norderstedt / Germany